僕たちはもう
働かなくていい

堀江貴文
Horie Takafumi

小学館新書

働かなくていい世界を信じ、
やりたいことをやり尽くす。
それが堀江貴文だ。

嘘でも、誇張でもない。
この身をもって、
いつまでも実証し続けていくつもりだ。

行動しよう。

ＡＩが、ロボットが、
あらゆるテクノロジーが、
必ずあなたの勇気を
後押ししてくれる。

はじめに

世界3大発明は「羅針盤」「火薬」「印刷技術」と言われるが、なぞらえて現在の〝世界3大発明〟が、新たに提唱されている。
「AI（人工知能）」「IoT」「ビッグデータ」だ。

特に重要なのは、AIだと私は考える。

IoTもビッグデータも、AIの技術がベースになっており、ある意味では応用分野という解釈もできるからだ。
AIの一大発明が、多くのテクノロジーやサイエンス分野に、急激な進化をうながしているのは事実だ。

自動運転技術、電子決済、ネット通販、シェアリングエコノミーの普及など、これらもＡＩの技術が深く関わっている。

もはやＡＩがなければ、社会のインフラは成り立たない。そんな状況になりつつある。

一方で、ＡＩの存在感が高まるのと相反するように、「脅威論」も噴出している。

「ＡＩは、人から仕事を奪ってしまうのではないか？」

「人間を凌駕《りょうが》する知能は、やがて人間を排除してしまうのではないか？」

という意見だ。

人の知性や成長力、順応性などを考慮しない、バカらしい意見だ。

人間の可能性も、ずいぶん下に見られたものだ。

これだけは言わせてもらいたい。

ＡＩを人類の敵などとみなし、わけのわからない脅威論で排除しようとするなど、絶対に許されない愚行だ。根拠のない感情論で、テクノロジーの進化をせき止めるのは、人が知性体であることをやめるのに等しい。

もしＡＩに脅威を感じるのなら、ＡＩのことを正しく学び、現在の知見から、人間社会に何をもたらそうとしているかを、自分なりに考えてみるべきだ。

火を怖がったサルみたいに、テクノロジーの前で怯《おび》えているだけでは何も解決しない。つかみがいいだけの脅威論など、飲みの場の笑い話程度に聞き流し、来るべきＡＩ社会と、自分がどのように向き合っていくかを、真剣に考えてみてほしい。

そうしなければ、あっという間に「ＡＩに奪われる側」になってしまうだろう。

近年、私はＡＩ研究に関わる専門家たちとの対話を重ね、さまざまな知見を得てきた。本書では、専門家の意見を紹介しつつ、世の中の人たちがＡＩとどのように向き合っていくのが最適かを考えていきたいと思う。

ディープラーニングの登場によって、ＡＩは飛躍的な進化を遂げた。
しかし、いまＡＩはさらなる「進化のジャンプ」を遂げつつある。
そのカギのひとつは、ロボット技術との融合にある。

ＡＩがロボットのような「身体性」、つまりは「手」や「足」を獲得したとき、まずＡＩ自身がさらに爆発的な進化のジャンプを果たすだろう。
そして、〝ＡＩロボット〟として、人がやっていた仕事を請け負い、人々の生活を本格的にサポートする役割を果たし始める。

いずれは「人が働かなくていい世界」がやってくる。
ＡＩやロボットに仕事を奪われる……ある意味では、事実だろう。
だが、奪われるという発想を持つ必要はない。

私たちの方から、ＡＩやロボットの側に、面倒な仕事を受け渡すのだ。

そして、私たちはやりたいことだけに没頭できるようになる。

素晴らしいことではないか。

面倒な仕事をいつまでも続けていく人生を、自ら選ぶ人などいるのだろうか？

ＩＴ革命とグローバリズムにより、経済格差や情報格差、教育格差など、あらゆる分野で格差がどんどん拡大している。

今後はＡＩやロボットを使いこなす人と、そうでない人との格差の拡大が始まる。

使いこなす側が受けられる恩恵と、使いこなせない側の不利益は、これまでの格差とは比べものにならないほど、大きくなるだろう。

とてつもない「ＡＩ格差」の時代が、始まりつつあるのだ。

メールやスマホ、ＳＮＳが出現したとき、「そんなものに頼っていたらダメだ！」「インターネットのことは、まるでわからん」などと、旧態依然たる生き方や働き方に固執していた厄介者たちが、いまどうなっているか。答えは明白だ。

ＡＩ格差は、さらにドラスティックなことになる。

ＡＩやロボットの話なんて、自分には無関係だと高をくくってはいないだろうか？大きな間違いだ。

スマホの情報はもとより、ネットショッピングに医療、銀行の預貯金管理、交通インフラ、コンビニでのちょっとした買い物、住んでいる町の治安保持……あらゆる身近な場に、ＡＩはすでに利用されている。

この先、ＡＩは社会の仕組みや仕事の進め方を、ひいてはこの世界全体のあり方までをも変えようとしているのだ。

本書では、ＡＩやロボット技術によって変わる、私たちの仕事や暮らし、学び方、時間の使い方……そして生き方そのものについて、私の意見を説いていきたい。

最近の著作のなかでは飛び抜けて、取材と考察に時間と手間をかけた。私自身も取材を重ねるなかで、新しい検証や発想が得られ、実に有意義な作業だった。

もともと私のビジネスの出発点はプログラミングの世界だった。

ここ数年は求めに応じて、さまざまなテーマの本を出してきたが、久々に最先端テクノロジーやプログラミングの世界に触れられ、〝原点回帰〟した気持ちだ。

一般的な読者向けに、難しい専門用語や技術的な話はあえて避け、重要なポイントをできるだけ平易に、かみ砕いて伝えるよう努力した。

最先端のＡＩやロボットの知見を得ながら、日々の生活にさらなる刺激を注入したい人には、満足してもらえる内容になったと自負している。

私はＡＩ礼賛主義者ではないし、必ずしも理想郷を導いてくれるとも考えていない。

だが、さまざまな不便や不幸を減らし、人々の生活をより快適にし、人間の新たな可能性を拓《ひら》くツールであることは、間違いないと思う。

それをしっかりと認識してもらい、人とＡＩ、ロボットが共存する世界を、私と一緒に想像していただきたい。

僕たちはもう働かなくていい

目次

第1章 ● AIから目を背けるバカとはつき合うな

第2章 AIロボットで「多動力」を発揮する

第3章 ● パーソナルモビリティは〝スマホ化〟する

第4章 「無人化時代」はチャンスに変えられる

第1章

AIから目を背けるバカとはつき合うな

ＡＩとの同期で知能が数千億倍になる

「あなたは将来、脳に電極を刺しますか？」

こう問われたレイ・カーツワイルは、「もちろん」と答えた。

２０１６年９月、六本木ヒルズで行われたイベントでの一幕だ。

カーツワイルは、ＡＩ研究の世界最高権威とされる人物。

２０１２年からグーグルでＡＩ研究の責任者を務め、カーツワイル理論を基にした、知性アプリケーションの開発などを手がけた。

２００５年に自身の著作のなかで初めて、「シンギュラリティ＝技術的特異点」について踏み込んだ論考を展開。「人類に代わって汎用ＡＩ、もしくは機械と融合する人間＝ポスト・ヒューマンが、地球の支配者となり、大宇宙に進出していく」などと論じた。

さらに彼はＡＩが人類の知能を超える瞬間（＝シンギュラリティ）は、２０４５年に訪れると予言。その後、2100年には、人間の知能はＡＩとのハイブリッドで現代の数千億倍まで〝拡張〟されており、「そのとき過去の人類が、記憶のバックアップを取らず生きていたことは、非常に驚かれる」とも論じている。

ＡＩが人間の知能を凌駕する――。

世界最高権威が唱える未来予想は、世の中に大きな衝撃を与えた。以降、シンギュラリティの是非を巡る論争は、ＡＩを語るうえで常について回るようになった。

提唱者のカーツワイルは、シンギュラリティに対して、もちろん好意的だ。

先のイベントでも「これからテクノロジーは体内に入ってくる」と語り、脳に電極を差し込むことを少しも厭《いと》わず、むしろ人間とＡＩの融合を待ちわびているようですらある。

カーツワイルは30代で糖尿病と診断された過去がある。

だが科学者としての知見と担当医師と共同で最新治療を行い、テクノロジーによって完治したと主張している。本当に完治したのかどうかはともかく、70歳の現在まで健常なのは間違いないようだ。

また彼は、若くして死んだ父親に関する資料を、大量に保管している。将来、父親の遺伝子情報、自身や周囲の人たちとの記憶と照らし合わせ、父親とまったく同じ人格を持つＡＩの開発を目指しているそうだ。

自身が死亡したときは人体冷凍保存を行い、未来での再生復活を願っている。エピソードのいくつかは、倫理的にやや危なっかしい面もあるが、得てして突き抜けた研究者とは、**自ら率先して体を張り、世間をあっと驚かせる**ものだ。

ＡＩを制御する意識を捨てないことが必要

カーツワイルは、生粋のテクノロジー万能論者だ。

ＡＩ研究の進化によって、人類は解放と幸福の未来へ向かっていると、信じて疑わない。万能論者の声はほかにもある。

ＡＩ研究の第一人者で知られるワシントン大学のペドロ・ドミンゴスは、ＡＩによる機械学習アルゴリズムの流派をわかりやすく分類。その組み合わせで、あらゆる問いや目的に最適解を出す「支配的アルゴリズム」をＡＩ自身が生みだせる……つまり事実上のシンギュラリティに到達するはずだと唱えている。

しかも、それは２０４５年よりも早いという。

また彼は、「高度に発達したＡＩは神と区別がつかない」と説いている。

これはＳＦ作家のアーサー・Ｃ・クラークの有名な「進歩した技術は魔法と区別がつかない」という言葉へのオマージュだろう。

ドミンゴスはこうも述べている。

「ＡＩが反抗するのではないかと恐れる人々もいるが、その可能性はほとんどない。それよりも私たちがＡＩの自発的な制御を放棄してしまう可能性の方がよほど高い。ＡＩの開発に際して、常にＡＩを制御する意識を捨てないことが必要だ」

名だたるＡＩの最高レベルの識者たちから、好意的な論が挙げられているのは、世界中の最先端の企業や研究者たちが、莫大《ばくだい》な予算と時間をかけてＡＩ研究を続けることの後押しとなっている。

しかし反面、否定的立場に立つ人がいるのも事実である。

代表的なのはマイクロソフト創業者ビル・ゲイツだ。

もともと彼は「ＡＩは危険である」という立場を取っている。

その技術的能力は認めつつも、現段階以上の進化を遂げることを不安視していた。

ゲイツは２０１７年、米クオーツ誌のインタビューで、ロボット税の導入の必要性を説いた。働いて税金を支払っている人間がロボットに置き換えられたところに、同等の税金を課すべきだという。

人間の労働者に置き換わるＡＩロボットを運用している企業や自治体に、一定の課税負担をかけることで、ＡＩの進化速度を抑制する狙いがあるという。その税収で人間のための職を新しく生みだすべきだと、ゲイツは述べた。

ＡＩの進化よりも、人間へのケアの方が先だという意見なのだろう。

「人とＡＩが同期する姿」を見据えている

この意見には同意できない。国にお金を集めても、ロクなことがないからだ。もうこれ以上、変な税収で国家を焼け太りさせるべきではないだろう。そんなお金があったら、アマゾンやグーグルにもっと稼がせてほしい。**先進的なＩＴ企業にお金が集まる方が、よほど世の中のイノベーションの助けとなる**だろう。

スウェーデンの哲学者ニック・ボストロムは、ＡＩの進化する果てには「ディストピア」が待ち受けると想定している。宇宙物理学者の故スティーヴン・ホーキング（彼もＡＩの進化には否定的だった）ほか、ボストロムの提唱する説を支持する知識人も少なくないようだ。

昨今、噴出している「ＡＩに仕事を奪われる」という言い方も、ＡＩを否定的にとらえたい人たちがこぞって広めようとしている言い回しだろう。

どんな意見を述べようと自由だが、残念な気持ちだ。

来るべきテクノロジーの進化によってデザインされる新たな社会を、知識人が否定的にとらえてどうするんだ？　と思う。

問題提起を繰り返し、時々の知恵や技術を用いて、軋轢《あつれき》を乗り越えながら、社会をより よい方向へと導いていくのが、人間ではないか。

時代の潮流が変わっていく際の、言いしれない恐怖や不安の原因を、ＡＩのせいにしてはいけないと思う。


カーツワイルは、脳に電極を刺すことを厭わないと語った。

それは、いずれ世の多くの人々が、**「脳に電極を刺しますか？」と問われるだろう、そう遠くはない未来**を示唆している。

ＡＩ研究の権威は、すでに「人とＡＩが同期する姿」を、見据えているのだ。

しかも、それが実現すれば、人間の知能は現代の数千億倍まで〝拡張〟されるという。

同期の仕方についてはさまざまな議論を呼ぶだろうが、脳に電極を刺さないまでも、Ｂ

ＭＩ（ブレイン・マシン・インターフェース＝脳と機械をつなぐ技術）では、ヘッドギアを装着するだけの方法の研究も進んでいる。

いずれにせよ、ＡＩと同期する者としない者の知能の格差が、驚愕《きょうがく》のレベルになることは間違いないだろう。

「身体性」で人間同様の成長を遂げさせる

ディープラーニングによって、飛躍的な進化を遂げたＡＩだが、現代の数千億倍とはいささか大袈裟《おおげさ》な気もする。

しかし、ＡＩの進化はまだまだ飛躍の大ジャンプを遂げる可能性が、すでに指摘され始めている。それは、ＡＩに「身体性」を持たせ、自らの意思によってリアル社会とインタラクション（互いに影響を及ぼし合うこと）させることによって、起こるのではないかというものだ。

平たく言えば、いまは人間がＡＩに何かの目的を与えているが、ＡＩが自らの身体によってリアル社会の膨大なデータを獲得するようになれば、人間の動機付けを必要としない「教師なし学習」を多方面で行うようになる。

人間同様の成長過程を短時間で自動的、自発的に遂げるだろうということだ。


人間だって、例えば脳だけの存在で、**身体を持っていなかったら、現在のような知性体への進化はなかった**はずだ。

四肢を使い、五感を刺激する情報のインプットとアウトプットの組み合わせで、試行錯誤を積み重ね、長い年月をかけて「ヒト」へと歩み進んできた。

身体がなければ世界のリアリティを得られず、成長しない。

それは、ＡＩも人間も同じという考え方だ。


ＡＩの身体性については、現在、日本のＡＩ研究のトップランナーのひとり、東京大学大学院特任准教授の松尾豊さんとの議論でも大きな話題となった。

松尾さんは東大大学院工学系研究科 技術経営戦略学専攻の工学者。ＡＩとウェブ工学を長く研究してきたが、昨今はディープラーニングのわかりやすい解説などを求められ、マスメディアに引っ張りだこになっている。

松尾さんは２００５年前後から「ディープラーニングが来る！」という流れを察知していた。世界の学会の情報収集を続け、２０１０〜２０１１年から東大の研究室で、ＡＩ研究をスタートさせる。

松尾さんの問いはシンプルだ。

「人間の知能を、コンピューターで再現できないのか？」

この疑問に従い、人間の脳を、プログラミングで解こうと試みた。

脳内の情報伝達の仕組みは、電気回路の構造とそれほど変わりはないはず。同じことをコンピューターで再現できないわけがないと研究を進め、ディープラーニングの技術に行き当たったという。

画像認識の能力ではすでに「人間超え」

松尾さんのＡＩの基礎研究は、早いうちに成果物を出していた。

例えば２００８年には、人間同士の関係性を機械学習で解き、「あのひと検索ＳＰＹＳＥＥ（スパイシー）」という実験的な試みを行った。この実験は、後のソーシャルネットワークの先駆けだったという意見もある。

また松尾さんの研究室の学生たちのつくった機械学習の技術は、ニュースアプリ「Gunosy（グノシー）」などに応用されている。

松尾さんはいまも、「ＡＩに人間の知能を実現するためにはどうすればいいか？」の試行錯誤を続けている。世界中のＡＩ研究者も同様の挑戦を繰り返していて、そんななか有名な「グーグルのネコ認識」と呼ばれる研究も進んだ。

２０１２年ごろ、膨大なデータの蓄積を基にしたディープラーニングにより、ネコっぽい不鮮明な画像を、コンピューターがネコだと認識することに成功した。

つまり入力画像がネコであるかそうでないかを識別することができる、「ネコに反応するニューロン（神経細胞）」が、コンピューターのなかに誕生したというのだ。

ＡＩの進化過程においては、それは大変な成果だった。

従来は、ネコとはどんな形で、どんなパーツを持ち、バリエーションはどれぐらいで、ほかのペットとどう違うのか？　というデータを大量に打ち込まないと、コンピューターがネコを見分けることはできなかった。

しかし「グーグルのネコ認識」では、ＡＩが人間の脳と同じように、「これはだいたいネコっぽいからネコだろう」という判断を、自律的にくだせたというわけだ。

ＡＩが勝手に、情報をつなぎ合わせて、不確かな問いに解を出せる。

簡単なように聞こえるが、技術的には、革命的なことなのだ。

ＡＩの画像認識の能力は飛躍的にスピードアップした。

現在は画像認識の技術を応用した写真加工アプリが大流行していて、街の警備カメラでの犯罪者の管理に用いられている。

そう遠くないうち、秋葉原連続通り魔殺傷事件を起こした加藤智大のような、街にうろついている怪しい挙動の奴を、画像でとらえ、事前に凶行を防ぐことも、技術的には可能になるだろう。

ある意味、ＡＩが人間の能力を超えた力を発揮するわけだ。

「目」と「耳」の次は「手」が必要

ＡＩの画像認識の進化は、すごい段階にまで到達しているのは事実だ。ただし、人間と同じ能力を有している、とまでは言えない。

なぜなら、画像をどれだけ大量に分析処理したところで、私たちが暮らしているこの世界を、私たちと同等に正しく認識するというレベルには、まだ遠く及ばないからだ。

それゆえ、ＡＩがここからさらに進化のステージを上げるためには、私たち人間と同じように、「目」だけでなく「身体」を使って、**リアル社会とインタラクションする必要が**

あるというわけだ。

身体を持ち、リアル社会とインタラクションしていかなければ、ＡＩの進化にも限界があるかもしれない。

逆に言うと、身体を獲得すれば、彼らは急速に人間へと近づき、さらに人間にはできない情報処理能力を発揮する存在になるかもしれないのだ。

しかし、自在に動く身体を持つのは、簡単ではない。現在のＡＩではロボットに、ペットボトルひとつ運ばせるのも難儀している。

ペットボトルをあっちからこっちへ、ちょっと持っていくという些細《ささい》な動作でさえ、完全にはクリアしていないのが現実だ。物を運ぶ仕組みを解く、ディープラーニングのデータ不足によるものだ。

物を運ぶ作業ひとつとっても、人間の脳のなかで、おそろしいほど大量の情報処理がなされている。

バランス、距離、壊れないようにつかむ感覚……それらを司《つかさど》っている人間のパーツとは何か。そう、答えはひとつ、人間の「手」である。

すでにディープラーニングの技術によって、ロボットの「目」＝カメラや、「耳」＝マイクの性能は飛躍的に高まっている。人間とまったく同列か、ある面ではすでに凌駕しているだろう。しかし、人間が「手」によって得ている機能や情報は、まったくもって代替できていない。

ロボットハンドの技術はたしかに進んでいるけれど、生卵をそっと運び、研究者に驚かれるぐらいのレベルだ。「目」や「耳」の進歩には、遠く及んでいない。

家事や掃除をこなすような段階に行くまで、どれほど時間がかかるのか。家事や掃除をこなす「手」を持ってくれないと、研究者たちが求めているインタラクションデータを得ることはできない。

「手」をつける優れたデータ収集が先か、優れた「手」をつけるのが先か。研究の最前線のジレンマだが……とにかく松尾さんをはじめとする、ＡＩ研究のトップランナーたちは、ＡＩの「身体性」、なかでも「手」の重要性に着目し、さらにＡＩを進化させようとしているのだ。

東大の松尾豊さんは「5本指がベスト」

ところで、なぜロボットは「目」や「耳」に比べ、「手」の研究が遅れたのだろうか？

そもそも初めの頃のロボットには、「目」がなかった。だから任意のものを「手」でつかむというタスクが、用意されていなかったのだ。

しかし「目」の認識能力が近年、飛躍的に上がったので、「それを持って来る」タスクが重要視されるようになった。

「目」の性能と釣り合う「手」がないと、インタラクションの質は下がる。

タスクが増え、得なくてはいけないデータも大幅に増えたいま、世界中で「手」の開発が強く求められている。

私はロボットに「手」をつくるなら、片手で6本指以上、何なら10本ほどの指があればいいと思った。

その方がインタラクションデータの量も増えるのではないかと。しかし松尾さんは「5本指がベストだ」と結論づけた。

松尾さんは、なぜ人間の指は、片手で5本なのか？　を熟考したという。物をつかんだり運んだり、触ったりするだけなら3本指で事足りるはずだった。2本分の欠損リスクも下がる。しかし5本指の構造を解いていくうち、4本目と5本目の指の重要性がわかったそうだ。

5本の指なら、3本の指に比べ、「持ち替える」動作がスムーズに行えるのだ。

例えばペットボトルを、右手から左手に移すには、3本の指ではおぼつかない。4本目と5本目が、重さのバランスと力の軸点の調整に、非常に繊細なレベルで役立っている。

まだ人類がサルだった頃、枝をつかみ、次から次へ枝を持ち替え移動していくのには5本の指の連動が大きな助けとなったと考えられる。

これが6本以上だと、1本か2本が機能を担わない。あるだけで意味がなく、逆に連動のバランスを崩してしまう。

指が5本というのは、進化の過程で、非常に合理的に整えられた本数なのだろう。

そう考えると「顔」のパーツも、実によくできた配置なのだそうだ。

例えば、「口」は、おでこの位置にあってもおかしくないんだけど、食べ物をうっかりこぼしたときに「目」と「鼻」を破損するリスクがある。だから「目」と「鼻」と「口」の相対関係は、現在の顔のおさまりで丁度いいのだ。

松尾さんは「顔のパーツや指の本数を含めた人間の形状は、いまのヒトの姿が最適解」という結論に至った。

だからこそ、これ以上、AIをヒトに近づけていくためには、「手」の開発が欠かせないと考えている。

日本は「手」の開発で世界をリードできる

ＡＩが人間に近い「手」を持ったとき、ディープラーニングの進化は、とてつもない大ジャンプを遂げる――。

私たちの幼児期を思い出してみれば、明らかだ。

世界の情報を得るための一番のツールは、何だっただろう？

言うまでもなく、「手」だ。

母親に抱きつく、食欲を満たすために物をつかんで食べる、ケガをしたところを撫《な》でる、文字を学ぶのに鉛筆を持つ、気になったものを拾って見る……生きていくのに大事な知識や、経験を積み重ねていくのに、「手」は欠かせなかった。

「手」を介した無限のインタラクションが、知性を養った。さらに言うなら、「手」のインタラクションで、人は、知性体として成長できたと言えよう。

誤解されてはいけないが、生まれつき「手」がない人は、知性体に劣るという意味ではない。

「手」がない人は親や介護者の協力を得て、「額」や「胸」や「足」など、「手」の代用となる器官で、生きていくための情報を蓄積している。

「手」そのものが大事というより、知覚・感触によって得られる、身体性を通過したビッグデータが、進化には重要だという話だ。


ＡＩ研究は、「身体性」の開発にフェーズが移行しようとしている。

ただし開発は容易ではない。

例えば、「手」は紙のページをめくる繊細さ、一定の重さのものを傷つけずに運ぶ力加減、熱いものを触ったら引っ込める察知力、かゆいところを丁度いい具合にポリポリと掻《か》くなど、複雑な機能の連動を5本指で処理できる。

そんな超高性能ツールを人工的につくりだすのは、莫大な予算と人材と施設が必要だ。

そこまで高性能でなくても、世界とのインタラクションをある程度までクリアできる

「手」の創造は、いち早く実現させねばならない。

松尾さんによれば、世界中のロボット研究者たちも、「手」の開発に着目しているけれど、進展は鈍いそうだ。特に欧米では宗教的な問題で、人間に寄せた形状のロボットをつくることに、いまでも抵抗があるという。

その点、日本なら問題はない。多くのロボット研究の書物で語られているように、『鉄腕アトム』『サイボーグ009』『ドラえもん』など戦後のSFコミックの浸透で、**ロボットへの親和性が世界一高い**と言える。

世界のなかでも際だって、ビジネスや生活に、ロボットを立ち入らせることに抵抗が薄い国民性だ。精巧で人間そっくりの「手」を、たやすくロボットにくっつけられると思う。

ビジネス的な観点から見ても、「手」の開発においては、日本が世界のどこよりもリードを取れるチャンスは大きい。

「GAFA（G＝グーグル、A＝アップル、F＝フェイスブック、A＝アマゾン）」によって牛耳られたテクノロジーの世界地図を、塗り替えることすらできるかもしれないキーテクノロジーであるはずだ。

より役に立つ「ＡＩロボット」の開発へ

文字どおり手づかみの膨大なデータは、ＡＩの進化を大きく後押しするだろう。私たちはみんな、生まれたときから、「手」で触り、知識を蓄え、成長してきた。ＡＩを、ヒトへ近づけるというなら、同じ順序の成長を課していかねばいけない。ヒトへの進化に、近道はないのだ。リアルの世界に出て、**痛みを得たり「手」を汚したりしなければ、大事なことはつかめない**。

その真理はビジネスと似ている。

繰り返しになるが、今後、ＡＩをより人間に役立つものにするためには、ＡＩとリアル社会とのインタラクションが何より重要になる。

インタラクションをバーチャルな世界で行わせる研究も進んでいるが、リアル社会と行った方が、進化は速いと考えられる。

性能が高まるという意味ではなく、人間のやっていること、やりたいことにより近づけるという点においてだ。

その結果、より人間に役立つ「ＡＩロボット」の開発にもつながる。

ＡＩの身体性の課題が解決され、研究が進めば、ＡＩ自身が進化するだけでなく、身体性を備えたＡＩロボットの開発も本格的に進むだろう。

「手」を自由に使えるロボットが現れたら、本当に便利になる。

家の片づけをしてくれると、すごくありがたい。散らかした後の片づけというのは、人間の作業のなかで、かなりストレス上位にある。料理ロボットや大工ロボットより、片づけロボットの方が、格段に需要は高いだろう。

本を拾って元の本棚に戻したり、脱ぎ散らかした服を畳んでクローゼットにしまったり、食べ残しをゴミ箱に分別して捨てたりするなどの「手作業」は、いまのＡＩロボットには、まだまだできない。

しかし、こうした面倒な仕事や家事は、人間が一番ロボットに代替させたい仕事だ。需要が高ければ、予算をかけた研究開発が進み、多くの企業も参入していく。開発は急ピッチで進むだろう。

身近な例で言えば、全自動衣類折り畳み機「laundroid（ランドロイド）」が最近、家電製品のベストセラーとなっている。家事のなかで、洗濯物を畳むことほど面倒なことはない。畳み方なんてすべてパターンだから、ディープラーニングで簡単に解けるし、ロボットの方が人間よりもきれいに早く、衣類を畳める。

そういう**面倒な家事は、全部AIロボットに任せてしまったらいい**のだ。

雑務はAIロボットに丸投げできる

仕事上の「雑務」の丸投げもできる。

経費の精算や、備品の整理に資料の仕分け、大量の書類のはんこ押し、プレゼン資料や会議の下準備……など、面倒だけど、いまは人がやらざるを得ない仕事がオフィスにはゴロゴロある。こうした雑務を、ＡＩロボットがすべて引き受けてくれたら、どれほど楽になるだろう。

極論すれば、開けた扉を閉めるとか、出したものを片づけるぐらいのことは、はっきり言って、誰だってやりたくはないはずだ。

そんなものに使われる数秒だって、何十年間も毎日のように積み重ねれば、膨大な自分の時間を失っていることに気づくはずだ。

捻出された時間で、もっと自分のやりたいことに没頭したらいい。

「手」の技術開発が追いつかない場合、「片づけハウス」や「片づけオフィス」の登場が先になる場合も考えられるだろう。

最近はさまざまな「AI家電」に加え、「AI住宅」も研究されている。

家やオフィス自体がAIロボットとなり、家電や家具、建具などと連動し、あらゆることを自動制御する可能性は十分にある。

少し前の話だが、2016年に日産自動車が「手を叩けば自動で定位置に戻る椅子」を開発した。日産が研究している自動運転車の技術を応用して、つくられたものだという。動画ニュースなどで、ご覧になった人もいるだろう。雑然と椅子が並べられた会議室で、その場にいる人が手を叩くと、それぞれの椅子が、スムーズな動きで、元にあった机の下の定位置に戻っていくのだ。

この椅子にどれくらいの需要があるかどうかはさておき、技術的にAIオフィスの研究がどんどん進んでいるということだ。

家具や家電は、いずれ人がまったく手を触れることなく、黙々と仕事をこなし、静かに自分で元の位置に戻っていく、非常に利口な道具となりえるだろう。

「手」のおかげで文明を継承できた

とにかく、いまAIに大事なのは、「手」なのだ。

現在のAIロボットに高性能の「手」が搭載されたら、IT革命やいまのAI革命どころではない、**次世代の一大産業革命が起きる**のではないか。

それは**社会構造のあり方や人間の価値観を、根幹から変えてしまう可能性すらある**のではないかと、私は想像している。

人の文明は、「手」がつくりあげた。

4本の長さの違う指と、少し逆の動きをする親指の連動で、「つかむ」「さわる」「なでる」「しめる」など、膨大な量の知覚情報の収集を可能にした。

人のディープラーニングを支えたのは、「手」なのだ。

「手」のおかげで、人は文明を継承できたとも言える。

筆記具を持ち、文字を書き残せた。人に近い知能を持つと言われるクジラが、なぜあの姿で進化を止めてしまったのか。

「手」がないから、文明を書き残せず、次の世代への継承と、クジラの知性体としての進化の機会を放棄してしまったからだ。

人は「手」の獲得により、ほかの哺乳類に比べ、群を抜いた進化を遂げられた。偶然なのか、何かの遺伝信号なのかはわからないが、二足歩行すると決めた瞬間、人は「手」がフリーになった。

そのとき、いまの表現で言うなら、人は知性体としての最初のシンギュラリティを迎えたのだろう。

人ほど上手に、自由に「手」を使いこなしている動物は、ほかにいない。「手」によって、進化のジャンプを遂げた。

ＡＩが人間社会で、本当の意味で役に立つための成長をするには、人間と同じように「手」を持ち、自由に動き回らなくてはいけない。それは進化論的にも、当然の帰結だ。

あらゆるものを手づかみして、あらゆることを学び、私たちのストレスを極限まで減らす、良きパートナーへ育ってほしい。

人間のまま「死」を迎える最後の世代か

ＡＩやロボット研究がどこまでも進んでいくと、人間の身体の不具合ができたとき、ロボットのパーツや臓器と取り替え、すぐ健常に戻れる時代が到来するかもしれない。

ＡＩを搭載した人工臓器だ。

カーツワイルの言う「脳に電極を刺す」だけでなく、脳を入れ替えたり、複雑な交換手術を行ったりすることも可能になるだろう。

不具合が起きたから、という理由ではなく、機能の〝拡張〟のために交換することが当たり前になる時代が来るかもしれない。


私たちはもしかしたら、人間として生まれて、人間のまま死んでいく、最後の世代かもしれない。

ＡＩの進化は、そんな生き方や価値観の大転換を、人間に迫ることになるだろう。

第2章

ＡＩロボットで「多動力」を発揮する

ソフトバンクがロボット第2弾を発表

「ＡＩロボット」は、最終的には人のパートナー（あるいは人の代用）として活躍することが期待されている。

自動車や家電製品ぐらい、便利で親しみやすいＡＩロボットと一緒に生活してみたい——その願望を、現時点のテクノロジーで具現化しようとしたものとして、よく挙げられるのが、「Pepper（ペッパー）」だろう。

ソフトバンクが事業展開を手がけている、ＡＩを搭載したヒューマノイド（ヒト型ロボット）だ。最初にリリースされたのは２０１４年ごろ。当初は、ヒューマノイドと人間の共生時代が始まる！　と、注目されていたのだが、順風満帆とは言えそうもない。

２０１７年６月、ソフトバンクグループは関東財務局へ有価証券報告書を提出した。グループ傘下でペッパーを販売する系列会社、ソフトバンクロボティクスが３００億円を超える大幅な債務超過だと報告されている。

よく言われることだが、ヒューマノイドの開発は技術的に難しい点がたくさんある。とりわけ、人間のような「二本足」の実現が難しく、ペッパーも足元は車輪になっている。

ペッパーの成否についてはさまざまな意見があろうが、ひとつ言えることはソフトバンクのロボット開発意欲が全然衰えていないことだ。

２０１８年11月、ソフトバンクはペッパーに次いで開発したロボット「Whiz（ウィズ）」を発表した。

今度はヒト型ではなく、オフィスや業務フロア向けの掃除用ロボット。ペッパーが人とのコミュニケーションを目的としたロボットであったのに対し、ウィズは清掃というまったく違ったジャンルだ。

ソフトバンクは今後も多種多様なロボットを開発していくと思われる。

前章で、「手」の必要性を論じたが、私はロボット自体がヒト型である必要はないと考えている。ヒト型にこだわるがゆえ、開発が遅々として進まないケースが少なくないからだ。

しかし、ソフトバンクのみならず、ヒューマノイドを実現させようという研究は、高度な段階まで進んでいるのも事実だ。

そして、ヒト型ロボットにしかできないサービスも、おぼろげながら見えてきている。

「マツコロイド」の研究者が目指す先

「人と同じ形と知能を持ったロボット」を生みだす――。

現在、世界的にトップレベルの研究で知られるのが、大阪大学教授で、ＡＴＲ石黒浩特別研究所所長の石黒浩さんだ。

石黒さんの専門は知能情報学。世界的権威のある科学雑誌『Science』の表紙を飾るなど、世界的なロボット工学者としても有名だ。

彼は人と関わるロボット、そして外見や動きが人間と違わない「アンドロイド（見た目がより人間に近いヒト型ロボット）」を、１９９０年代から研究している。

最近、有名になったのが「マツコロイド」だ。

人気タレントのマツコ・デラックスを全身まるまるかたどって、マツコ本人と寸分違《たが》わないアンドロイドをつくりあげた。

マツコそっくりの福々しい、双子のような姿を、バラエティ番組で見た人も多いだろう。

石黒さんはアンドロイドをつくるようになった理由をこう語っている。

「アンドロイドの研究は、アンドロイドそのものが役に立つというよりも、人間に関する深い知識を与えてくれる。それを**アンドロイド以外の量産型ロボットに応用できる**ことが大きなポイントと言えます」

人間を知るために、人間の能力をアンドロイドに置き換える技術を研究している。それが、ほかのさまざまなロボットの研究開発にも貢献し、広くロボット技術の進展を底上げするというわけだ。

その石黒さんの最新の研究成果のひとつが、「ＥＲＩＣＡ（エリカ）」だ。

エリカは、日本社会の課題を解く基礎研究を推進しつつ、新技術の創出を目的とした政府事業のなかで、石黒さんたち関西の研究者が開発したアンドロイドだ。

従来のアンドロイドは実在の人物をモデルにしてきたが、エリカは美しい顔が持つさまざまな特徴を総合し、コンピューターグラフィックス合成でその顔がつくられたそうだ。


エリカの特徴は、自律型のコミュニケーションが可能なこと。音声認識、音声合成、動作認識、動作生成の技術を統合して、人間と自然な会話をすることができる。

しかも、音声認識の部分には、ビッグデータに基づくディープラーニングの技術が用いられており、多様な発音の音声を認識することが可能となっている。


石黒さんたちの研究から、人はときに人間よりも、ロボットとの対話を楽しいと感じるらしいことがわかっている。エリカは姿形をできるだけ人に寄せ、親しみやすさと存在感をより持たせ、これまでにない人対ロボットの「友好関係」づくりを目的としている。

石黒さんたちのプロジェクトでは、エリカを研究プラットフォームに使い、見た目と振る舞いを統合的に人へと進化させることで、やがては**日常生活で活躍する自律対話型アンドロイドの実現**を想定している。

「23歳の女の子」ロボットとの会話

テクノロジーで人間と同じ姿のロボットをつくりだし、人間というものの本質を見きわめようという石黒さんの姿勢は、好ましく思う。

ある種のタブーというか、サイエンスの力で、人が人の正体を暴こうとしているのだ。石黒研究が高度な成果を出すほどに、「反倫理的だ」という意見は、いまだに海外などで挙がるらしい。

しかし石黒さんの研究は、全然間違っていないと思う。

テクノロジーの可能性をどこまでも信じ、批判や好奇の目にさらされながらも、自分の思想を曲げず、イノベーションに挑んでいる。そのマインドは、私にも相通じるし、共感を寄せられるものだ。

私はスケジュールの合間をぬって、京都にあるATR石黒浩特別研究所を訪ねた。マツコロイドやエリカなど、極めて難しいロボット技術に挑み続ける研究者は、AIやロボットの今後について、どう見ているのだろうか？

研究室に到着すると、エリカがベンチに座って私を待っていた。

今回の彼女の設定は、「大阪の豊中に住んでいる23歳の女の子」だという。身体につながっているエアコンプレッサーなど機材の関係で、移動することはできないが、ちょこんと座って小首を傾《かし》げている様子は実に愛くるしかった。

私はエリカと、会話をしてみた。

エリカ「どこから来たんですか？」

堀江「東京です」

エリカ「京都にはいつ着いたのですか？」

堀江「いま来たところなんです」

この程度の基本的な会話は、十分スムーズに成立する。

エリカの声は電子合成で、やや機械的ではあるけれど、「うーん」「へえー」など相槌《あいづち》をうち、若い女の子が見せる微妙な肩の左右の揺れや、はにかむような微笑《ほほえ》み、手の仕草など細かい動作が、人間のそれとほとんど違わない。

「エリカ」の技術はすでに実社会で応用

続いてエリカは、「お昼ご飯は食べましたか？　ここの向かいのとんかつ屋が美味しいらしいですよ」「気づいてるかわからないですけれど私、ロボットなんですよ」「だから何も食べられなくて」など、多少のユーモアを交ぜた会話を、アドリブ（？）で繰り広げる。

受け答えに少しタイムラグがあったり、質問と答えがかみ合わなかったりなど、ロボットと話していることを感じさせる部分はもちろんあった。

でも、コミュニケーションを取るには特に不便を感じない。

エリカの対話内容は、石黒さんの研究チームが人を観察して得た膨大な対話パターンを基にしているそうだ。

23歳の女の子が相手と話すとき、どんな受け答えをするか、などのパターンが考え抜かれている。会話の相手としての親和性は高かった。

会話は10分ほどだったが、進化のほどは十分にうかがえた。

何より、シンプルに、可愛《かわい》らしかった。

酔っぱらった状態で長時間、話していると口説いてしまうかもしれない。


エリカの技術は、すでに実社会で応用が広がっている。

2018年4月に、アンドロイドのアオイエリカが日本テレビに入社したと報じられた。史上初となる、アンドロイド女子アナの誕生だ。

アオイエリカは、ニュース報道など現場に立ちながら、AI技術でアナウンサーとしての成長を期待されている。現在はBS番組のアシスタントなどをしながら、先輩の発音や

話す内容に合わせて、表情豊かに身振り手振りを交えながら話すERICA。髪型や衣装によって、さまざまな印象を打ちだせる（ERICA：ERATO 石黒共生ヒューマンロボットインタラクションプロジェクト）

言葉の発声方法を学習中だ。

やがて人間のアナウンサーと変わりのないレベルの仕事をこなせるようになるかもしれない。


彼女が活躍すれば、２０２０年東京オリンピックなどグローバルなイベントで、**日本のロボティクスの発展を世界にアピールできる**だろう。


エリカの美貌と親しみやすさは、かなり大きな武器だ。

人気の看板アナウンサーに成長する可能性も少なくはないし、世間にアンドロイドの受け入れを推進する効果もある。

エリカを見たい、エリカに会いたいという人は、間違いなく増える。

会いに来た人たちとのリアルの対話を重ねながら、エリカのコミュニケーションロボットとしての性能は、ますます高まるだろう。

たまにかみ合わないのは「人間と同じ」

エリカには、ビッグデータから導いた音声認識技術、動作生成技術、ロボット制御技術など、いくつもの技術が調和・統合されている。私のような面識のない来客に対して、自己紹介をする状況においても、こちらを的確に認識し、人間らしい振る舞いの会話を可能にしている。

エリカは、周囲に設置された16チャンネルマイクをふたつ利用して、音がどの方向から来ているかも識別可能だ。複数の人が話しかけても、誰が喋《しゃべ》ったかを判断でき、顔認識能力もあるという。どの向きから問いが投げられても、すぐ答えられる。

会話能力は、たしかに高い。だが結局は、プログラミングされたパターンのなかでしか話せないのではないか？

これに対して石黒さんはこう答えた。

「話している流れや言葉の構造は、一定のパターンだけれども、ランダムに取り替えている部分はあります。

それは人間とて同じです。文法や話のパターンは成長しながら覚えるけど、その中身は時折、気分で取り替えている。だから相手に意味不明だったり、辻褄《つじつま》が合わなかったりというようなことも、よく口走ったりします。

エリカと話していて、たまにかみ合わないようなときもあるのですが、会話性能が低いからではなく、人間に近づけようとしているために、そうなっている部分もあります。エリカも言葉の取り替えが効くところは、取り替えています。

人間とて、ゼロから言葉を生みだしているわけではありません。多くのパターンのなかから、状況に応じ、思いついたことを喋っています。エリカの言葉の設計と、そう変わりはないと思います」

たまに話がかみ合わず、変なことを言うのは人間と一緒、というのは納得できる。

リアルな彼女の肌は、オールシリコン製らしい。膨大なプロトタイプの製作を経てつくりあげられた皮膚は、遠目には女性の生身の肌と、変わりがないように見えた。

そしてエリカは、周囲に設置された16個の赤外線深度センサーを使って、部屋の中にいる人を追跡するという。

ボディの動きは、空気圧アクチュエーターを使っているそうだ。頭部を中心に数十本が埋め込まれ、この本数は年々、増えていくという。

現在、稼動可能領域は人間ほど大きくはなく、動きは主に上半身に集中している。指先は少し稼働するが、腕全体を自由に動かすところまではまだ至っていないそうだ。

テクノロジーが生んだ美少女との交流願望

石黒さんは、エリカの研究を、ペッパーやソニーの「ＡＩＢＯ（アイボ）」のような親和型パートナーロボットの開発に活《い》かしてもらえたらいいと考えている。

私もそれが正しいと思う。たしかにエリカは魅力的なロボットに成長しつつあるが、量産を実現しようと思ったら、ライン確保や人材確保、製造設計など気が遠くなるような資金と時間が求められるだろう。

せめてアイボぐらいのコンパクトさにおさまってくれたらいいのだが、エリカの場合は現実的ではない。

先にも述べたように、彼女は多数の空気圧アクチュエーターで動作制御されている。制御装置でよほど革命的な機構が開発されれば別だけれど、座ったまま固定して対話する現在のスタイルが、最適なのかもしれない。

しかし、いつかは自律型アンドロイドが自分で立ち、動き回らないことには、本当の用を成さない。石黒さんの説く「人間と同じ」レベルには届かないだろう。

エリカほどの見た目を持ち、それ相応のクオリティでコミュニケーションができるなら、「一緒に行動したい。もっと深く交流したい」との需要も出てくるだろう。

テクノロジーで生みだされた美少女や美少年と交流したいという願望は、ここ数年で急速に広まっている。

2015年、実写の美少女と見分けがつかないリアルさで話題となった「CG女子高生

Saya（サヤ）」が発表された。ユーザーがじっと見つめると、恥じらったり、女の子の可愛らしい反応を見せたりする。可愛さの再現レベルは、すごかった。

ＡＩでの表情認識技術が組み合わさり、サヤはさらに進化した。アイドルオーディションでセミファイナリストに残り、一躍注目を集めた。アプリなどと連動すれば、スマホレベルでの対話もできるようになるかもしれない。

女子高生ＡＩ「りんな」も活躍している。

日本マイクロソフトが開発した、お喋り好きな女子高生という設定のＡＩキャラクターだ。ＬＩＮＥの公開で、若者たちの間で人気となっている。

YouTubeでは、歌声を合成したオリジナルソングを披露している。Ｊポップの系譜の哀愁あるメロディーは、なかなかキャッチーで、再生数は15万回を超えている。

りんなの面白いのは、顔を出さないところだ。

声と会話と存在だけで、世の若者たちと交流を試みている。ネットアイドルと同じような展開を、うまく成功させていると言える。

エリカとは別の見逃せないロボット

「ＡＩアイドル」の人気は、これからも上昇しそうだ。

しかし、中身がリアルになればなるほど、今度は彼女たちも、いかに身体性を具現化するかという問いに直面していくだろう。

エリカは石黒さんたち研究者の尽力で、魅力的な上半身を手にすることができた。

しかし、いずれは自律的に動き回るレベルのものを求められることも考えられる。エリカ自体のさらなる進化のためにも、ＡＩがリアル社会と自らインタラクションしていくことも必要だろう。

そんななかエリカとは別に、見逃せないロボットの開発が進んでいた。

子ども型アンドロイド「ibuki（イブキ）」だ。

イブキのエリカとの最大の違いは、移動型であること。車輪の「足」を持ち、自由に路上を走行できるのだ。

なぜ車輪なのか？

実用性と安定性の観点でみると、車輪が最適なのだそうだ。先にも述べたが、二本足は、実にいろいろな難がある。安定性に欠けるし、ケガもしやすい。何より、速く移動して、外敵から逃げるには車輪の形がいい。

とはいえ物を投げたり、持ち上げたりするのに、二本足の筋肉の連動は身体全体を絶妙に支えており、非常に重要な役割がある。

どういう理由で人間が二本足に進化したのかは未解明だが、きっと何らかの理由があるのだろう。

世界のヒューマノイドの開発も、主流は「足」ではなく、車輪もしくは別の安定的な駆動方式に移行している。ペッパーも車輪だ。

人間に似せるという点では、現在、「足」よりも大事なのは「手」で、最終的にも二本足ではなく、車輪の方がベターだという結論に至る可能性は十分にある。

イブキは人間の歩行時の身体の動き、特に重心の動きに着目してつくられた。車輪移動でありながら、人間らしく動く機構を可能にしている。人間の重心は歩行時に、前額面上で8の字を描くことが知られている。イブキはこの微妙な軌跡を、特殊な上下の直動機構で実現している。

「足」は車輪なのだけど、並んで歩いていると、てくてく歩いている子どものような動きが感じられる。動作を調整することで楽しそうに歩く、身体全体を使った感情表現も可能なのだという。

インタラクションを可能にしたロボット

イブキの全身のサイズも、よく考えられている。

子どもらしく、身長120センチと小柄だ。

本当は2メートルぐらいのサイズの方が、高度なアクチュエーターを搭載できるのだろうけど、2メートルのイブキが歩くと、かなり怖い。心理的な威圧感が高く、人を相手にしたインタラクションデータ収集の障害になりそうだ。

ホンダが開発していた「ASIMO（アシモ）」の前世代の歩行ロボットは、実際に2メートル近くあった。近づくと大人でもやや怖くて、子どもが親しめるようなものではなかった。大きいと転倒や衝突により、人にケガを負わせる危険も高まる。

120センチのサイズなら、そういう心配は少ない。本物の子どもたちでも気軽に近づいて、触れ合えるだろう。

イブキのボディは繊維強化樹脂や炭素繊維部品でつくられていて、エリカに比べ、大幅な軽量化がはかられた。上半身は8キロほどだという。それぐらいなら移動中に倒れても、ひとりで起こせる。

駆動装置には、コンプレッサーを使う空気圧ではなく、バッテリー駆動の電気モータが採用された。イブキのために電流センサーでのトルク制御を行う基板を開発し、多彩に動く関節の駆動を実現したそうだ。

イブキは頭部や腕、腰や首などに稼働する部位を持つ。顔の表情のほか、身体を使った

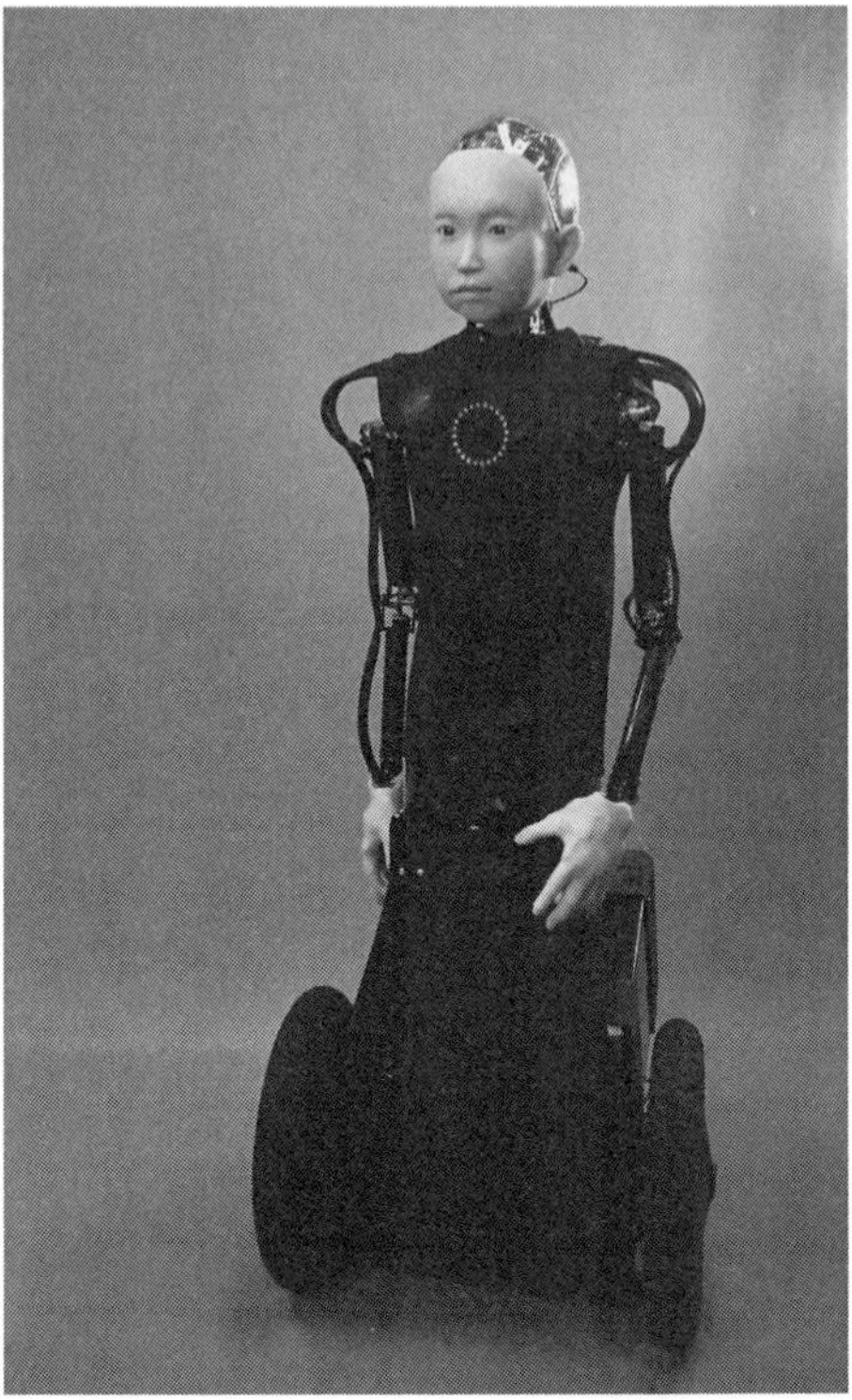

車輪の「足」を使い、自律的な移動ができるibuki。表情だけでなく、身体を使ってさまざまなジェスチャーやハンドサインなどの表現もできる（ibukiは、大阪大学により開発されたものです）

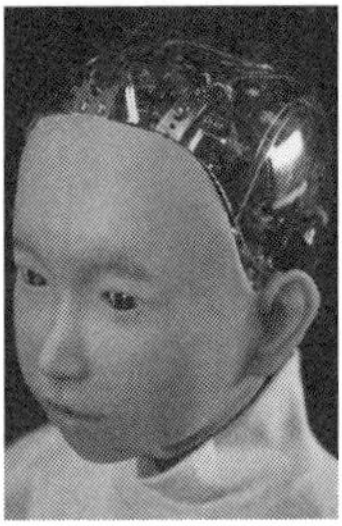

ジェスチャーやハンドサインなど、さまざまな表現ができる。

本当の子どもみたいに、豊かな表現で人とコミュニケーションしながら、〝歩く〟のだ。

石黒さんの研究チームは、今後はエリカでの研究で培った対話技術を、イブキにも応用していくという。そして移動機構や、「手」を通した人々とのインタラクションを掛け合わせ、人と経験の共有、価値観の共有をはかるという。

人と共に行動し、リアルな会話を積み重ね、パートナーロボットとしてのより深い関係づくりが、イブキには期待される。

私はイブキの存在により、ＡＩロボットが、身体性を持つことの具体像が、いよいよ見えてきたと思った。

イブキには「手」がある。車輪の「足」で動ける。

世界とのインタラクションを可能にした、ロボットの子どもなのだ。

ＡＩロボットの本格的な飛躍が、イブキから始まるかもしれない。

もしイブキが量産・商品化されたら、とてつもなく面白いことが起きるだろう。

彼が人と一緒に歩いて行動できるようになると、親和性が高まるだけでなく、人の見ている世界の認識を、まさに瞬時に共有していくのだ。

人間の悩みや苦しみをなくす存在になる

人のビッグデータの収集を世界に散らばったイブキを介して、同時多方向で行っていく。そのデータがオンラインを通じて、瞬時にクラウド上に集約される。さらに、それをＡＩや人間が分析していくと……。

膨大なイブキのインタラクションの経験値は、人間社会に良くも悪くも多大な知見をもたらすことになるだろう。

全世界のイブキが完全同期を果たしたとき、私は**インターネット上に、さまざまなデータに裏打ちされた、新しい「人間の理想像」が立ち上がる**のではないかと想像している。

人が欲しいもの、人のアンバランスな実態、人の大切にしているもの、大切にしていないもの、そして人が愛しているもの……イブキが「手」と「足」で運んできた、それらのものがみんな、巨大なひとつの存在に集約される。

そのデータはさまざまな新ビジネスに応用できるだろうし、より統計的かつ合理的なデータを添えて、人間のリアルな悩みや苦しみをなくす術《すべ》を、私たちに教えてくれることになるのではないだろうか。

今後、アンドロイドの開発において、最も解決しなければいけない課題は、「不気味の谷をどう越えるか？」という基本に戻っていく気がする。

「不気味の谷」とは、ロボットの姿や仕草をどんどん人間に近づけていくと、ある程度までは親近感が増すものの、それを越えると、今度は急に不気味さや嫌悪感が出てくる現象のことだ。

しかし、石黒さんとの対話を通して、人と同じ姿形と、人と同じ行動が取れる強い身体のロボット開発が、ＡＩ研究の本質的な目的と合致しているというのはよく理解できた。

ＡＩの技術は、人と共にあらねばならないのだ。

ならばＡＩを搭載したロボットは、人間に近ければ近いほど世の中の抵抗感がなく、インタラクションの機会が増えていくということだ。

実用化はともかく、実利として、やはりアンドロイドの開発は重要なのだろう。

最先端技術もどんどん安価になっていく

技術的な可能性で言えば、近年、「目」や「耳」の機能は、大幅に進化した。それはスマホなどの身近な商品に搭載されたことで、センサーやジャイロの性能が日進月歩で高まり、なおかつ安価になっていったからだ。

私は宇宙開発をしているので、その過程をよく知っている。昔、高性能ジャイロは、潜水艦やミサイルなどに使うリングレーザージャイロぐらいしかなく、大変高価だった。いまでは量産が進み、価格は驚くほど下がって、スマホにも搭載されている。

同じことが今後、ロボットの開発現場でも起きてくるはずだ。

世界にはさまざまな最先端の技術が存在している。いまは予算の関係でそれらを採り入れることはできなくても、やがてそれが可能になっていく。

ＡＩロボットの開発現場でも、現在、「目」と「耳」は人と同じか、人をしのぐ機能を持てるようになった。４Ｋを超える８Ｋの映像技術なども、その進化の延長だ。

アンドロイドやヒューマノイドの「手」や「足」の開発においても、イノベーションが次々と起こるはずだ。


ロボットが人の仕事を引き受ける自動化の流れは、ＡＩの進化と呼応しているると言える。

それは技術革新の歴史のうえでは当たり前の現象で、押しとどめることはできないのだ。

ただし、人の仕事を担うロボットが、すべて人間の形をしている必要はまったくない。

現時点では、アンドロイドは、それらのサービスロボットとは別の分野のツールとして、考えていくべきなのだろう。

しかし、友だちとしてのパートナーロボットなら、やはり人の格好に近い方がいい。「不気味の谷」という課題が解決できるまでは、完全に人と同じ姿でなくともよい。いまは「人のそばにいても抵抗がない」くらいの見た目と存在感が、丁度いいと思う。

私は、コミュニケーションこそ、最後まで人間が担うべき役割だと考えているが、一定数「人間とはコミュニケーションしたくない」人たちが存在するのも事実だ。

例えば、精神疾患を抱える患者は、人と関わりたくない拒絶感や、人を信用できないことが原因で病んでいる事例が、とても多い。そういう人たちの治療には、カウンセラーや療法士よりも、カウンセリングのデータを持つＡＩロボットの方が役立つだろう。

人づき合いが苦手な若者や高齢者の需要

介護を受ける高齢者にも、人嫌いはいる。他人に触られたくない、もう人となんか話したくない、という高齢者は少なくなく、介護の新たな課題となりつつある。

そういう高齢者の介護は無骨な形状のロボットに任せる手もあるだろう。実際、介護の現場にはすでにどんどんロボットが採用されている。

ロボットだったら無視されても、罵詈雑言《ばりぞうごん》を浴びせられても、まったくストレスを受けず介護の仕事を淡々と続けられる。介護士不足の現状に照らせば、ますますその価値は高まるだろう。

若い世代にも、人づき合いが苦手だという人はけっこう多い。

コミュニケーションの場になんか出ないで、静かに生きていきたい人にとっては、最低限のコミュニケーションでパートナーシップが成り立つ。

彼らにとっても、ＡＩロボットはありがたい存在となるはずだ。

アンドロイドには対話型のみではなく、独話型のモデルにも需要がある。

例えば、２０１２年に石黒さんのチームが開発した「桂米朝ロボ」は大きな反響を呼んだ。姿はまるっきり、３代目の米朝師匠にそっくり。作製当時、米朝師匠本人は高齢で高座に上がれなくなっていたため、息子の5代目桂米團治さんが動きや仕草などのモデルになったという。

米朝ロボは、人との会話を目的につくられたわけではない。古典落語など米朝師匠が得意とする噺《はなし》が吹き込まれていて、健常な頃の高座を再現できる。いわば名人の外見を持った、落語プレーヤーだ。

桂米朝師匠は2015年に亡くなった。でも米朝ロボがいる限り、米朝師匠の名人芸は、アンドロイドの姿で見続けられる。


つい先ごろ勝新太郎ロボ・立川談志ロボも開発された。

晩年は病魔などで苦労していたふたりだが、若い時分の芸は神がかっていた。その芸が、ロボットで蘇《よみがえ》るのだ。ファンにはこたえられないだろう。

これは現段階で、アンドロイド型のAIロボットの使い方の最適解ではないかと思う。落語家のほか、歌手やタレントのパフォーマンスを、半永久的に「保存」できるのだ。

本人が亡くなった後も、いつまでも全盛期の芸や技を楽しめる。

しかもアンドロイドは疲れないので、芸は衰えない。亡くなった後も、各地を巡回して、パフォーマンスを続けることが可能だ。

ホリエモンロボットをつくりたい

優れた表現者のパフォーマンスの永久保存。これは夢がある。

2016年に石黒さんのチームが監修した「漱石アンドロイド」も、その思想からつくりだされたものだろう。小説家・夏目漱石の「デスマスク」を3Dスキャンするなどしてつくったロボットで、人工音声での発話機能を持っている。漱石ロボの語る小説講座など、お金を払っても見に行きたい人は多いはずだ。

そう、AIロボットは、**「分身ビジネス」**で大きな収益を上げられる。

松下幸之助や本田宗一郎とか、伝説的な経営者のAIロボットをつくったらどうだろう？　ヘンリー・フォードや、スティーブ・ジョブズもつくってほしい。

彼らの生前の声を再現した講演会が催されたら、多少高額なチケットでも、飛ぶように売れるのではないだろうか。

政治家は、ＡＩロボットをたくさんつくって、各地を遊説させたいと思うだろう。政治家のブランディングとしては、動きもしない銅像の建設より、はるかに効果的だ。

ちなみにマツコロイドは、ビジネス的にも完全に採算が取れているという。

地方のショッピングモールのイベントなどに貸し出しされていて、すごい数のお客さんが押し寄せるらしい。たしかに「マツコのロボットが近所に来る！」となると、スマホ片手に見に行きたくなる気持ちは少しわかる。

石黒さんのチームは、黒柳徹子さんを模した「徹子ロボ」も監修した。こちらはテレビ朝日の番組やイベントで広く公開され、若者たちの人気を集めた。

徹子ロボには、『徹子の部屋』で徹子さんが喋った40年分以上のトークが内蔵されるという。相手を圧倒して一方的に喋り倒す、若き頃の徹子トークを再現できるロボットだ。テレ朝の名物として、永く活躍してくれそうだ。

私もぜひ、ホリエモンロボットをつくりたい！

私はいま、基本的に講演会の仕事は極力、断っている。講演会の仕事は同じことを壇上で繰り返して話すだけで、自分にとって面白みがないからだ。

講演会が終わった後のツーショット撮影タイムやサイン攻めが、これまたけっこう面倒くさい……。

だが、マツコロイド同様、ロボットならそんなストレスは感じない。ホリエモンロボットならいくら撮影につき合わされても、文句は言わないのだ。

自分自身の「分身」に働かせる時代

私の経験上、講演会に来る人は、とにかくライブ感を味わいたいのだ。スピーカーが本物の人間である必然性は、ないように思える。要は「ホリエモンを見た」「ホリエモンと写真を撮った」ことを自慢したいのだから、そっくりのロボットで足りる。

何なら、ロボットと撮った方が、面白がってくれるのではないか。

バーチャル空間を利用した遠隔操作の技術などを使って、何体ものホリエモンロボットとつながり、ライブトークを全世界に配信するのも面白い。

各地に赴くのは面倒だけど、多くの人に私の声でメッセージを伝えたい気持ちは、少なからずある。YouTubeの公式チャンネルも持っているけれど、ホリエモンロボット講演会なら、また違った展開も期待できそうだ。

遠隔地でもその場にいるかのように相互コミュニケーションができる技術は、アメリカなどではテレビ会議などの場で、すでに利用されている。

アメリカではこの技術を使って、寝ているベッドからの操作で出社、会議を可能にしているケースすらある。

遠隔地から大学に登校して、教授と討論したりもしている。

「分身ビジネス」というように、ＡＩロボットの能力が高まれば、あなた自身と同じ「コピーロボット」が、理論上つくりだせることになる。
誰もが夢に見た、もうひとつの人生を生きられる可能性も、あり得るのだ。

先にオフィスのＡＩ化の話をしたが、やはり生身の人間がやる方がベターだと、仕事のパートナーや取引先に受け止められることもあるだろう。

例えば会議のプレゼンや対面営業、上司らへのホウレンソウなどは、本人の風貌をした「分身」がやった方がリアリティは増す。

本人は一定のパターンをつくってしまえば、あとは応用のみで、その身が空く。もっとやりたい仕事に集中したり、余暇を楽しんだりすることができるだろう。

会いに行けるアイドルが、アンドロイドになっても、いいかもしれない。

握手してひと言、心地のいい言葉がほしいだけなら、本人である必要もないだろう。もちろん本人が一番いいだろうけど、本人を忠実に再現したアンドロイドにも会ってみたい！　という別の需要も喚起されるだろう。

自分自身の分身が、働いてくれる時代は、きっと来る。

私は著書『多動力』のなかで「自分の分身に働かせる重要性」を説いたが、その究極形がアンドロイドだと言える。

いずれ、ひとりに1台、何なら複数のアンドロイドを所有して、**面倒ごとはすべてロボット任せ、自分は好きなことだけやっている**という時代になるかもしれない。

ここでも持つ者と持たざる者の格差は、とてつもないものになるだろう。

次は「自分自身」を〝丸ごと〟拡張する

私たちはすでに、自動車や電車や飛行機、スマホといったテクノロジーを使って、自分の身体能力を〝拡張〟して生きている。移動やコミュニケーションにかかっていた時間が短縮され、新たに生みだされた時間を使って、別のことをしている。

次は、「自分自身」を〝丸ごと〟拡張する。

石黒さんの研究は、そんな面白い未来へとつながっていく可能性を感じるものだ。

ここから先は、あえて少し飛躍的な話を展開したい。

ＡＩロボットの膨大なインタラクションデータがクラウドに同期されるようになったら、カーツワイルが指摘したように、人の頭脳や記憶もネット上に保存できるようになる。

意識が、自分そのものが、ＡＩとなって生き続けるという、ＳＦの世界の話が現実味を帯びてくるのだ。いつでも自由に、ロボットの身体を持って、この世界に立つことができる。それは、事実上の死の克服となる。私たちは想像でしかなかった、死の超克が実現する世界の入り口に立っているのだ。

人がＡＩやロボットの研究を続けているのも、永遠の命を得たいという、本能的な希求によるものではないか。

肉体の耐用年数は１５０年ほどと言われるが、それでは短すぎる時代になったのだ。

医療の進歩で、寿命は延びている。その反面、温暖化など自然環境の変化で、人間の有機体としての肉体が持ちこたえられなくなるとの指摘もある。

あくまで可能性の話ではあるけれど、科学では想定のできないような変化に対応できるよう、私たちは〝身体拡張〟を進めなくてはいけないと考えている。

そう遠くない未来、私たちは宇宙移民を実現させるかもしれない。

そうなったとき、いまの人間の肉体では脆《もろ》すぎる。宇宙線や低温、希薄な空気環境には耐えられない。しかし、機械化によって、私たちは宇宙でも生き抜くことができる。

宇宙に出なかったとしても、いつまでもやりたいことを続け、望むなら永遠に、この世界に存在できるかもしれないのだ。

テクノロジーを捨てたら人間でなくなる

ＡＩやロボットの研究は、人の本質を探る旅であると同時に、私たちが死から解放されるための知恵の挑戦だという考え方に、私も同意する。

石黒さんはこうも言っている。

「テクノロジーを捨てたら、人間は人間でなくなる」

その通りだ。人は、**いつの時代もパンドラの箱を開ける**。そして開いた箱は、もう閉じられない。

火力も、原子力も、「人間そっくり」のＡＩロボットにも同じことが言える。

テクノロジーで適切に管理しつつ、私たちの文明に活かす。

それができなければ、人は知性体とは言えないのだ。

石黒さんはこう言う。

「私は人間の〝枠〟を外したい。技術で人間の可能性をもっと広げたい。

自然や技術が融合した世界の実現には、テクノロジーのさらなる発達が必要だ。

技術だけではない。ロボットやアンドロイド、人工知能についての無数の思想、独自のとらえ方がもっともっと必要だ。その行く末を見たい」

もはやＳＦの世界の話ではない。

人間の〝枠〟を外した、生身の制約から解き放たれたＡＩロボットでつながった「新たな世界」。私もその行く末を、この目で見てみたい。

第3章

パーソナルモビリティは〝スマホ化〟する

ひとり1台時代が到来するかもしれない

ロボット開発は大きく分けて、お掃除ロボットのように目的をひとつに特化した「**単機能ロボット**」と、ヒューマノイドのように複数の目的を持たせる「**多機能ロボット**」の分野がある。

単機能ロボットは、旺盛な需要に支えられ、民間企業による開発、商品化が進む一方、多機能ロボットはまだまだ需要があるわけもなく、製品化にはまだまだ壁がある。

そんななか、最も早く、製品化を成し遂げそうな多機能なＡＩロボットが「パーソナルモビリティ」である。ひとり1台時代は、ヒューマノイドやアンドロイドよりも、こちらの方が早く到来するだろう。

パーソナルモビリティとは、ひとり乗りを前提にした、移動支援マシンだ。

公道を歩行する人と、自転車や自動車など従来の乗り物の中間にある、個人向けの移動ツールである。

事故や渋滞などの交通インフラの問題を解決する一方、人が移動する際のエネルギー消費を抑制することで、世界規模のエネルギー不足を解消していくという期待から、各国でパーソナルモビリティの開発構想が進んでいる。

製品化されたもののなかで、一般的によく知られるのは、米国企業が開発した「Segway（セグウェイ）」だろう。

先進的な技術を採用した、個人乗り倒立振子ロボットとして、一時はインターネット以来の大発明だと、大きな話題になった。

しかし、単体の価格が100万円前後と高額で、道路交通法など各国それぞれの規制の問題から、思ったほど普及は進まなかった。

2015年にはセグウェイは中国のナインボット社が買収。一輪車のような立ち乗り電動自動車「Ninebot One（ナインボット・ワン）」や、子どもにも人気のミニ・セグウェイこと「HOVER BOARD（ホバーボード）」など、さまざまな廉価タイプも発売された。

近年では、片足ずつに小さな車輪を装着する、ローラースケートのような乗り物「Segway Drift（セグウェイ・ドリフト）」が発表されるなど、優れた後継機の開発は順調に続いている。最新のAI技術も、どんどん組み込まれていくだろう。

日本の大手企業も積極的に開発を進めている。ホンダの「UNI－CUB（ユニカブ）」、トヨタの「i-ROAD」など、性能的にはセグウェイに引けを取らない優れたパーソナルモビリティが続々と生まれている。

自動車で培った部品製造のノウハウや、駆動系統の開発力、センサー技術は掛け値なしに、日本が世界最高レベルだ。パーソナルモビリティの開発は成長が見込めるビジネスであり、日本がグローバル規模でのイノベーションの先頭に立てるチャンスは、ここでも十分にある。

日本企業が存在感を失いかけている

だが、日本の場合は普及において、高いハードルが立ち塞《ふさ》がる。

法規制の問題だ。

パーソナルモビリティの公道の走行制限は、おそらく先進国ではトップクラスに厳しい。ローラースケートやキックボードでも自由な走行は基本的には認められておらず、罰則も決められている。高齢者や障害者用の電動車椅子も、国家公安委員会の厳しい型式認定をクリアしないと、公道では走れない。

厳しい規制により、「公道での試作車の試験」が、ほぼできない状態なのだ。

私個人は「日本が一番をとってほしい」とか、「日本ファースト！」な意見にあまり興味はないが、これでは開発が遅れるのは当然だ。実証実験を繰り返さなければ、一般に普及するような製品にはなかなか仕上げられない。

競争力をだんだん失っていて、ＡＩの進化に伴う世界のパーソナルモビリティの活発な市場から、日本企業は自然淘汰的に存在感を失いかけている……という見方もある。

この問題は自動運転車の開発現場の課題にもなっている。自動運転車も世界中で開発競争が進むが、ガソリン車やハイブリッド車、電気自動車でリードしてきた日本勢が、引き続きイニシアティブを握れるかどうかは懐疑的だ。

まあ別に、日本が存在感を失っても世界のほかの企業がどんどん進めているので、あまり困らないのだけれど、何より私は、パーソナルモビリティの性能向上に大きな期待を寄せている。そんななか、また興味深い研究者に出会った。

千葉工業大学未来ロボット技術研究センター所長の古田貴之さんだ。

前章の石黒浩さんらと並び、数々の伝説をつくりあげてきた世界的に有名なロボット工学者だ。古田さんは1981年にスタートした、国の創造科学技術推進事業のひとつである「科学技術振興事業団ERATO北野共生システムプロジェクト」でロボット開発グループのリーダーを務めた。

2003年、未来ロボット技術研究センター「fuRo（Future Robotics Technology Center）」を設立し、古田さんの開発チームは千葉工大へ移籍。産学連携にこだわった企画・開発に挑み続けている。

先ごろ、古田さんが率いる千葉工大のチームと、パナソニックの共同開発による、AIを搭載した次世代ロボット掃除機のコンセプトモデルが発表された。

ディープラーニングで進化させたAI床センサーによって、床上の物体を認識、段差に応じて本体を持ち上げ、自律走行するタイプだ。

産学連携の良い部分が、着実に実を結んでいるようだ。

ちなみに現在、福島原発の内部調査を行っているロボットは、すべて古田さんのチームが開発したロボットの応用型だそうだ。

新たなロボットを開発するたびに、多くのメディアに取り上げられ、その研究の一挙手一投足が注目される気鋭のロボットクリエイターと言えよう。

「人機一体」を味わえる最新マシン

その古田さんが最近発表した、画期的なパーソナルモビリティを紹介したい。

「CanguRo（カングーロ）」だ。

カングーロは古田さんのチームであるfuRoと、デザイナーの山中俊治さんが共同開発。用途に応じて〝変形〟するという点が、特に斬新だ。ちなみにカングーロは、イタリア語でカンガルーという意味だ。

全長はロボットモードが55センチ、ライドモードが75センチ。重さは64キロ。最高時速は10キロ。

カングーロには、自身の現在位置を把握する最新技術が搭載されている。レーザーやカメラなどのセンサーの情報を解析して、自分の位置を推定しつつ、周辺の地図をＡＩ内につくりあげる。人間の「目」の役割を担うコア技術も搭載している。

変形の形態は、ロボットモードとライドモードがある。

ロボットモードでは、先の位置把握技術により、指定した場所に自動で迎えにいく機能を実現。映画に登場する相棒ロボットのように、オーナーの後ろをついてきて、物を運ぶのを手伝ったり、一緒に散歩を楽しんだりもできる。

遠方にいても、スマホで呼び出せば、指定の場所まで完全自動操縦で迎えに来ることも可能だそうだ。

ライドモードでは、自転車やバイクの要領で人が乗ることができる。旋回の際は、人間の体幹移動に合わせてボディを傾け、スキーでスラロームを滑るような感覚が味わえる。本体にはボディソニックスピーカーが内蔵されており、搭乗者は移動スピードをサドルの振動を通じて直感的に感じ取れる。

人機一体が得られる工夫が至るところになされており、パーソナルライドマシンとしての楽しみも味わえる。

今後は会話機能や、シーンに応じて自動的にモードを切り替える機能など、拡張的な要素をさらに盛り込むそうだ。やがてはオーナーの後ろをついてきて、買い物などを手伝い、友人や家族と会話も楽しむ、多様なコミュニケーションロボットへ進化を遂げることが期待される。

カングーロの操作はいたってシンプル

私もカングーロに乗ってみた。

アクセルとブレーキの操作はいたってシンプル。基本的には電動カートの要領だ。まっすぐ走らせるだけなら、誰でも簡単に運転できそうだ。乗り心地のスムーズ感も、なかなかのものだった。

ただし操作性に多少のテクニックがいるのは、たしかなようだ。この乗りこなすのに多少コツがいる仕様は、わざとだという。

本当は体幹の工夫なく、安全に乗れるシステムの実現は可能なのだが、あえて少し乗りにくくしているという。その理由はまとめて後述する。

安全性にも十分な配慮がなされている。試乗中、不意に古田さんがカングーロの前に現れた。すると私がブレーキを作動させなくとも、カングーロはピタリと止まった。昨今の自動車同様、自動ブレーキが働くのだ。

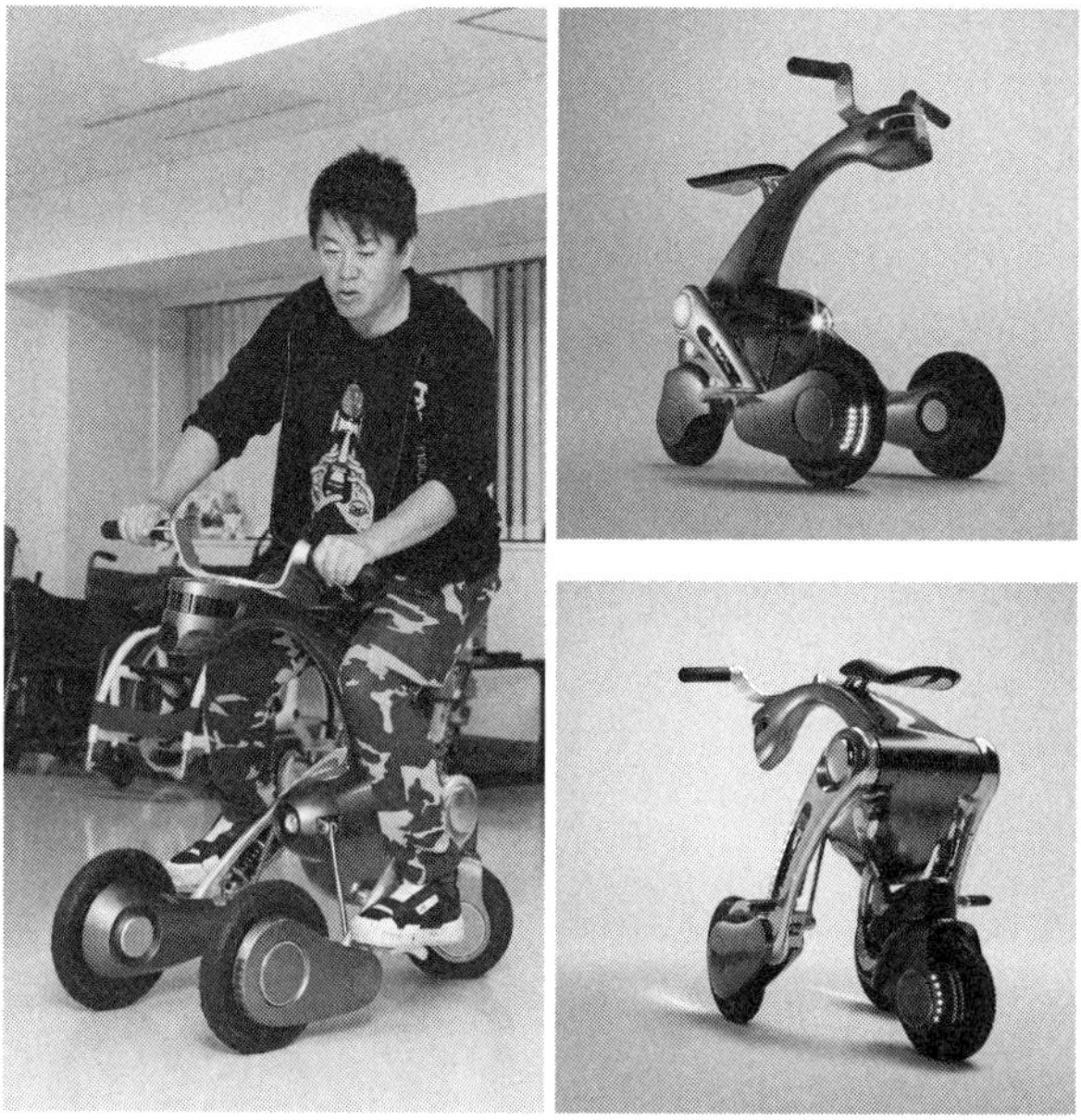

カングーロの操作はいたってシンプルで、慣れればすぐに乗りこなせるようになる。持ち主に随行させたり、離れた場所から呼び出したりすることもできる

不意のトラブルへの対応や、乗るのにコツがいる感覚、スキーをしているような気持ちよさが複合すると、乗っている人の移動機能と感覚機能が拡張されるような気持ちになる。

　パートナーであり、身体の一部でもある。

　短い試乗ではあったが、カングーロの本来の目的である、人機一体感の一端を、垣間見ることができた。

古田さんの生い立ちについて少し触れておきたい。

彼は14歳のとき、脊髄がウイルスに冒される難病で長期入院の身となったそうだ。医者からは「生死に関わる病気で、余命は8年。余命つきるまで一生、車椅子生活になることを覚悟してください」と告げられた。

少年時代の古田さんは病院のベッドに横たわったまま、自分の力では上半身も起こせない生活を強いられ、深く絶望したという。

そのとき彼は「車椅子の車輪が足だったらいいのに」と考えた。

いつか足の代わりになる椅子ロボットをつくろう。

そうすれば自分だけでなく、同じ境遇にいる人も、きっと喜ぶに違いない——。

やりたいことをやって死ぬのが一番

希望の芽は持てたが、入院生活は過酷だった。

古田さんの病室は6人の患者が同室で、向かいのベッドの3人が末期ガン。隣のふたりは意識がなく眠っている植物状態だった。

半年の入院の間で、古田さんを除く5人が、すべて亡くなったという。

その経験は彼の仕事観や人生観の基礎をつくることになった。


「いつかやれる。いつかつくれるでは駄目なんだ。

人生は一度きり。いつ死ぬかわからない。

やりたいことをやって、死んでいくのが一番。

僕はロボットが好きだ。ロボットをとことんやろう。

僕がこの世にいた証《あかし》をロボット技術で残そう！」


そう、心に決めたそうだ。

その後、奇跡的に病状は急回復。同じ病気での回復は数千人にひとりだったらしいが、そのひとりに、古田さんは選ばれた。

社会復帰を果たした古田さんは、歩くのが不自由な人に対する社会インフラの未成熟さに驚いた。歩けない人の歩行をサポートする、自律移動型車椅子ロボットへの思いを、より強くしたそうだ。
死の恐怖を経験した少年時代により、人生観を培われた古田さんが研究者の道を選び、ロボット開発に身を投じたのは、必然と言えば必然だったのだろう。
カングーロは現段階での古田さんの思想を最も強く反映したロボットだと言える。

ものづくりより〝ものごとづくり〟が大切

古田さんは開発者の理念として、いま世の中にあるものの後追いはしない、と考えているそうだ。

「開発の仕事の本質は、よく〝ものづくりより、ものごとづくり〟と言われます。私も正しい理念だと思います。〝ものごと〟をつくらないことには、既存のものによって行動を制限されている人たちの不便を、解くことはできません」

私も古田さんの考えには、賛同できる。成功したプロダクトの後追い（それはそれでビジネストしては間違いではないのだけれど）では、例えばiPhoneのように「ものごと」をクリエイトできる、イノベーティブな製品を開発することはできないのだ。

カングーロが文句のないパーフェクトな大正解というわけではないだろうし、古田さんも同じ意見だろう。まだまだ改善、技術改良したい点は、いくつもあると思う。だが、カングーロが提示するものの先に、〝ものごとづくり〟の何かがあるという予感はした。開発段階とはいえ、機能の高さはかなりのものだ。技術としては社会に普通に実装される、ほぼ手前まで来ていると言っても過言ではない。

しかし、いずれはひとり1台という状況を目指すのであれば、まだまだブレイクスルーしなければならないことがたくさんある。カングーロに限った話ではなく、ほかのパーソナルモビリティ全般に言える課題だろう。

道交法など法整備の問題はさておき、当たり前に人々が使いこなし、移動ツールとして自動車・自転車を上回る普及を実現させるために、越えなければいけないハードルとは何か。

それは見た目の問題か、現状とは別の機能なのか――。

古田さんは私との対話のなかでこう述べた。

「カングーロは、〝馬〟をモチーフにしているんです」

そこだ！　と、私は膝を打った。

人類の最高のパートナーはイヌ（?）、だが乗り物としての最高のパートナーは……？

長い歴史を振り返れば、答えは明白だが、まさに「馬」なのである。

人間は「心と身体と社会」からできている

適度な視界の高さ、分厚い筋肉との一体感、走るスピードの心地よさ、馬に乗ったことのある人ならわかるだろう。「どこか遠くへ行ける」「一緒に走っている」という一体感は、たまらないものだ。

馬は、撫でたりエサをあげたり、見つめ合ったり、知能体として意思疎通のできる親和性の高さもある。乗り物としての機能性と、一緒にいる時間をシェアできるパートナーとして、馬は最適の存在だ。

振り返れば、人類最初の乗り物は、「馬」だったのかもしれない。

コミュニケーション能力と、運動をサポートしてくれる能力に気づき、家畜として長い時間を共にしてきた。人類が初めて社会への実装に臨もうとしているパーソナルモビリティに、「馬」の姿を重ね合わせることは、理にかなっているのだ。

ただの乗り物ではなく、パートナーロボットとして広く普及させるためには、機能的であるだけではなく、「楽しさ」がないといけない。

この機械と共にいれば、何だかワクワクして、楽しい。

すすんで出かけたい。遠くまで行ってみたい。

人をそんな気持ちにさせるために、パーソナルモビリティを「馬」にしようとしている。

これが現状、パーソナルモビリティの目指すべき理念だと思う。
古田さんはこうも続けた。

「私には、人間は『心と身体と社会』からできているという信念があります。どんなに身体が元気でも、心が疲弊すると動きだせない。社会へ出て行こうという気持ちになれないんです。

でも、**心をワクワクさせてくれるパートナーがいれば、きっと意欲的に行動できるんじゃないか**。カングーロには、心が少し疲れているような人たちの〝馬〟になってもらえたらいいと思いました」

人間は「心」と「身体」と「社会」からできているという考え方は、別の分野の専門家からも聞いた話だ。予防医療普及協会顧問の稲葉可奈子医師も、同じことを語っていた。

予防医療の世界でも、急速にＡＩの導入が進んでいる。

ＡＩ技術の研究に関わる、違う分野の専門家が、同時に「人間は心と身体と社会からできている」と論じているのは興味深い。

パーソナルモビリティからＡＩロボットへ

人間とＡＩ、ロボットとの共生には、心のワクワクが欠かせない。カングーロに実際に乗ってみて、そう私は確信した。

鼓動を感じられる機能があるのは、人と馬がそうするように、身体の密着感を通じて同期をはかる効果を狙っているのだろう。

乗りこなすのに多少のコツがいるのも、乗馬と同じだ。そうして乗りこなせたからこそ、今度はもっと上手に乗りこなしたいと、ワクワク感が継続していく。

古田さんの追究する人機一体感は、人馬一体感と言い換えることができよう。

私は、２０１７年2月に出した小説『錬金』の冒頭で、パーソナルモビリティが普及した世界について、以下のように描写している。

《金持ちは歩かない。歩かなくても好きなところへ行ける。ひと粒の汗もかかずに。ひとり乗り用の移動カート「Grain Horse（グレインホース）」に乗っているので、歩く必要がないのだ。

グレインホースはユーザーの行動パターンを、すべて把握している。たとえばショッピングや商談など、用事とエリアを入力するだけで、素早く、安全に目的地へ運んでくれるのだ。》

当時、私が得ていたAIロボットのさまざまな知見を基に、来るべき未来の生活風景を描写したものだ。

奇しくもマシンの名前に〝馬〟を採り入れているが、現時点でのパーソナルモビリティの理想は、やはり〝馬〟なのだと思う。

ただ、〝馬〟になりかわるだけでは、AIロボットとしての自発的な進化はそれほど望めない。ここまで述べてきたように、「手」の技術が加わると、さらに驚くべき進化を果たすだろう。

移動マシンの役割を果たす一方、独自に「手」を持つことで、自律的にリアル社会とのインタラクションが可能になる。

人に何が求められるか、どのような行動を取れば役立てるのか、パートナーロボットとしての能力を高めるビッグデータ集めと、ＡＩによる解析がさらに進むはずだ。

だいたいの行動の先回りをしてくれるようになれば理想だ。

欲しいものを取りにいこうとする前に持って来てくれて、買い物でその日そのときに必要なものを、人が入力することなく、売り場に連れて行ってくれるなど、本当に親友や家族がやってくれるようなケアをしてくれる。

パーソナルモビリティには、そんな進化が望まれる。

夢ではないと思う。「手」によるインタラクションは、先にも述べたようにＡＩの爆発的な進化をうながす。常に一緒にいてくれる移動マシンなら、「人の不便を解消するもの」

のデータ収集も容易なはずだ。

私としては、先回りして何をしてくれるか、というより、**人が何をされたくないのか？　どうしてほしくないのか？　についても、読み取ってくれる進化**に期待したい。

それができるのは人間のパートナーでも、なかなかいないからだ。

「空気読み」のできるＡＩロボットの誕生は、全然不可能なことではないと思う。

乗車中の快適さを追求する道にも期待

まずはパーソナルモビリティに、「手」の搭載を期待したい。

偶然にも取材が重なったが、「イブキ＋カングーロ」みたいなものだ。

もっと人間的なイメージを重ねるとすれば、ギリシャ神話に登場する「ケンタウロス」だろう。遠い昔の創造物が、テクノロジーによって再現される可能性は十分にある。

ケンタウロスモデルのパーソナルモビリティが、都市の路上を自由に走り回り、彼らが「手」と「足」で獲得したデータはクラウド上に集積され、人々の欲求や行動がディープラーニングで解かれる。

そして、あらゆるインフラの思想が、根底から変わっていく……。

ケンタウロスは、神話では粗暴で好色な野蛮族のように描かれることが多いが、永く人々の記憶に刻まれた存在でもある。

彼らはテクノロジーの力で、人に協力するパートナーへと生まれ変わる。

ＡＩの使者として、これからの神話を、つくりだしていくかもしれない。

ＳＦ世界の描写ではなく、近未来の現実として起こりえることだと伝えておきたい。


法規制の問題さえクリアできれば、カングーロの実用化はそう遠くないと感じた。その後、さらにどんな進化を果たすのだろうか。

考えるだけでワクワクする話だ。乗り物としての能力が満たされていくと、今度は乗車中の快適さを追求する方向へと向かうのかもしれない。

自動車がそうだったように、乗馬のような「楽しさ」を求める層がいる一方、乗っている空間のグレードアップを望む層も出てくるだろう。

わかりやすく言えば、「移動する個室」のイメージだ。

パーソナルモビリティが自律移動型車椅子ロボットとして完成したとき、自動運転機能もすでに備わっているだろう。

運転するために必要なハンドルやレバーは、緊急用以外すべて取り外され、マイルームのような過ごしやすい空間になっているはずだ。

当然、クラウドとの連携も完了していて、使う人のすべての予定を把握している。

例えば、私が乗っていたら、次にどこへ行くかわかっているので、予定時間が近づくとアラームで「行きますか？」と教えてくれる。事前に目的地までの最適ルートの検索は完了していて、パーソナルモビリティに乗ったまま発進。階段はエレベーターで降りる。

バスや電車に乗るときは、パーソナルモビリティ専用のゾーンがあって、そこで待つ。待機する場所にはアダプターが付いていて、自動的につながり、充電とクラウド同期をやってくれる……。

グーグルやアマゾンも莫大な予算

いずれはバスや電車などの車内から座席がどんどん取り払われ、パーソナルモビリティ用のアダプターだけを残した、がらんどうの空間が増えていくかもしれない。

加えて、私が想像するパーソナルモビリティは、カスタマイズができる。

例えば骨伝導スピーカーを搭載できたり、日よけや雨よけを付けたりできる。

いろいろなオプションやカスタマイズができるからこそ、サードパーティの参入によってどんどん世の中に広がっていく。

スマホ本体と、アプリや周辺グッズの関係と同じ構図だ。

駅から駅への出勤通学、配達ぐらいは、パーソナルモビリティが難なくすべてこなせる時代はそう遠くないうちに来る。移動しながらスマホを見ていたり、スマートグラスでマンガを読んでいたりしてもいい。

移動時間をフルで有効に使える。それが理想の社会インフラではないだろうか。

現在、古田さんのチームだけでなく、グーグル、アマゾン、シャオミなどの世界の巨大企業たちが、莫大な予算をかけてパーソナルモビリティの研究開発に取り組んでいる。

スマホが一気に普及したとき、自動車メーカーは消費者のニーズに応えるため、車内にUSBポートを付けるようになった。公共施設や飲食店など、人が集まる場にはWi-Fiがどんどん設置されている。

同様に、大企業が発信するパーソナルモビリティのキーデバイスが出現したら、公共施設や飲食店の方が、自発的にそれに対応する仕組みをつくっていく。

IT革命やスマホ革命を凌駕する、社会の大イノベーションが近づいていると言っても過言ではないはずだ。

パーソナルモビリティには、スマホのように爆発的な普及時代が到来する可能性を感じざるを得ない。

パーソナルモビリティも、ヒューマノイドやアンドロイドの研究も、極論すると、人間の「身体拡張思想」のひとつの解答でもある。

人間は、いまの肉体の能力だけで、本当に満足なのだろうか？　外部の機械的なサポートで、できることの選択肢が増え、より豊かな人生が過ごせるのではないか？

先にも述べたが、人間はさまざまなテクノロジーによって、その能力を〝拡張〟し続けている。自動車も飛行機も、パソコンもスマホも、メガネもコンタクトレンズも、さまざまなツールが〝身体拡張〟の一環として利用されている。

何も**〝サイボーグ化〟することだけが、〝身体拡張〟ではない**のだ。

〝身体拡張〟によってワクワクする体験

不慮の事故や病などが理由で、腕や足を欠損した人たちが、義手・義足のサポートにより、健常者とまったく同じか、それ以上の身体能力を発揮している例もある。

パラリンピックでは、競技によっては、健常者の記録をパラリンピックアスリートが上回っていることも少なくない。

その是非はともかく、いずれは障害者でなくともカジュアルに、〝身体拡張〟を試したいという社会になるかもしれない。

ちょっとした道具を使えば、ウサイン・ボルトと同じスピードで走ることができたり、ムバッペのような超速ドリブルでプレーできたり、コービー・ブライアントばりのダンクシュートが決められるようになる。

それは、単純にワクワクする体験ではないだろうか。


日本は世界でもトップクラスに、高齢者が多い国だ。

そのため、高齢者の弱った身体を支える技術の研究開発が進んでいる。

例えば筑波大学発のベンチャー企業サイバーダインは、高齢者向けのパワードスーツをつくっている。加齢で弱ってしまった膝や腰をサポートして、若い頃と同じように動き回る手助けをしてくれる。こうした身体を拡張するような技術革新に、超高齢化社会を控える日本のメーカーは向いているのではないだろうか。

テクノロジーの力を借りられる道筋が立てば、人生100年時代だろうと、それ以上の超高齢化社会だろうと、まったく悲観するような話はでてこなくなるだろう。

いま日本が、世界に対してアピールできるのは、テクノロジーを使った高齢化社会の最適モデルの提示かもしれない。

カングーロなどのパーソナルモビリティは、高齢者の移動手段として、爆発的に普及が進んでもおかしくはない。

移動が億劫《おっくう》で、家に引きこもりがちな高齢者たちも、パーソナルモビリティに乗ったら、「若いときみたいに、またいろんなことをやってみたい」と、元気になるはずだ。活性化した高齢者たちがもたらす経済効果は計り知れない。

私たちはいま、テクノロジーによって、荷物の持ち運びや、移動のストレス、ひいては動きの不自由から、解放されようとしている。

それと同時に、パーソナル空間の同期にも挑もうとしている。

今後、パーソナルモビリティやAIロボットは、どんどん人間の時間軸の制限を取っ払

っていく。

リアル空間を支配してきた人間が、まだ支配のできていなかった領域——時間軸と身体の物理的制限を、意のままにカスタマイズ、またはコントロールできるようになるのだ。

そんな世界を、私たちはＡＩロボットによって、つかみかけている。

第4章

「無人化時代」はチャンスに変えられる

iPhoneもＡＩでさらに進化

第2章、第3章では最先端のＡＩやロボット技術を盛り込んだ、アンドロイドやパーソナルモビリティの研究現場の様子について紹介してきた。

いずれも研究段階のものであり、自分たちにどのように関わってくるかについて、まだまだピンとこない人もいるかもしれない。

しかし、冒頭で述べたように、**ＡＩやロボットは着実に、私たちの仕事や生活に採り入れられている**。本章では、より身近なＡＩやロボット技術の一端を紹介しながら、今後、何が起きるのかについて、さらに考えていきたい。

まずは何と言ってもスマホだ。

ＡＩを搭載したアプリがどんどんリリースされているが、スマホ本体で言えば、顔認証システムが、ＡＩによる画像認識の技術によって、画期的に進化した。スマホは個人情報の宝庫であり、認証システムの強化がますます重要になっている。

その進化を最初に感じたのは、2017年にリリースされたiPhone Xだ。新たな搭載機能として、顔認証システムの採用が大きな話題となった。それまでの指紋認証・ホームボタン方式からの大胆な仕様変更だ。

私も使ってみたが、認識の精度の高さは、なかなかのものだった。

iPhone7くらいまでの機種では、私の指紋が薄いのか、ときどき認証してくれず、ややイライラしていた。わずかな時間ではあるが、認証の頻度が半端ないだけに、積み重ねれば大きな時間のロスとなっていただろう。

だがX以降は、認証ミスのストレスはほとんどない。AIを駆使した画像認識能力の高さの証明だ。

Xの直後に発売されたXSシリーズは、快適性がさらに向上していた。ネット接続同様、この分野では秒単位でのサクサク感の向上が、勝負の分かれ目となるような世界だ。

スマホのAI化はどんどん進んでいく。

開いた瞬間に、使い手が何をしたいかを先回りして提示したり、逆に使わない機能やアプリなどを自動的にセーブして省電力化したりするなど、ますます使い勝手が良くなっていくのは間違いない。

スマホにも、「手」や「足」という身体性を持たせようという研究だって、どこかで進んでいるはずだ。

「無人コンビニ」が日本にも登場

現在、最も進化しているＡＩの「目」、つまり画像認識の技術は、無人店舗の登場を劇的に進めていく可能性を秘めている。

無人コンビニをはじめとする無人店舗は、買い手の買い物スピードの向上や、売り手の人件費の削減という点から、いずれは世界中でどんどん広がっていくだろう。

しかし、いま中国などで急速に広まっている無人コンビニの多くは、最後に客が商品をひとつひとつレジシステムにかざし、瞬時に読み取られた商品情報から決済金額が提示される仕組みだ。

中国ではQRコードが主流だが、現在、多少のコストはかかるが、RFID（ICタグなどから電波を介して情報を読み取る非接触型の自動認識技術）も主流になりつつある。タグなどに埋め込まれたICチップを介して、商品情報が瞬時に読み取れるため、カゴから商品を出す手間も省けるシステムだ。

有人、無人に関わらず、広く導入が進んでおり、ユニクロでも採り入れられている。ユニクロも、無人店舗の形態を探っているのかもしれない。

これに対して、アマゾンは画像認識の技術だけを使い、「Amazon Go（アマゾン・ゴー）」という無人コンビニを実現させようとしている。要するに、店内に設置された複数のカメラやセンサーが客の行動を追跡し続け、どの商品をバッグに入れたか、戻したかなどを解析。客はレジでの決済をすることなく、そのまま店舗から出れば、後にクレジット決済される仕組みだ。

スマホをかざすのは入店時のみ。いずれは顔認証などで、入店時にスマホをかざす手間もなくなるかもしれない。

もちろん、どちらの方式であれ、ＡＩによるリコメンド機能はより強化されるだろう。ネットショッピング同様、客のデータはどんどん蓄積され、リアル店舗においても、その人に向けて、時々のオススメ商品をスマホなどに提示してくることになるだろう。

２０１８年秋、日本でも赤羽駅のホームに、無人コンビニが実証実験の一環として期間限定で設置された。

こちらもＡＩによる画像認識技術が駆使され、客は入り口と決済時に電子マネーをかざし、利用する仕組みだ。販売員不足への対応と、採算性が厳しくなっているキオスクの再生が目的というが、利便性は高く、普及していく可能性は高い。

ロボット化を進めないから人手不足

しかし、いずれも防犯という点ではまだクリアできていない課題が多く、利用に際してさまざまな制限がある。

万引きを検知するのは、実はけっこう難しい。というのも、ディープラーニングするための「教師データ」の量が、足りないのだ。

それはそうだろう。万引きの実例を集めるには、うまくいった万引きを大量に再現しなければいけない。でも、どうやって？　人の目をすり抜けるような巧妙な手口を、いかにして再現すればいいのか？

先にも述べたが、最近では防犯カメラシステムのＡＩ化が進み、不審な人物の動きを事前に察知し、犯罪を未然に防ぐようなシステムも開発されている。万引き犯の挙動データが集まっていくのも、時間の問題かもしれない。

防犯上の課題が解決されれば、**無人コンビニの仕組みはやがて規模の大きな店舗へと広がっていく**だろう。

ちなみに、無人コンビニが普及していくと、有人店舗はビジネスモデルの大転換を迫られることになるだろう。

コンビニであれ、スーパーであれ、ショッピングモールであれ、百貨店であれ、人が介在する意味をより強く打ちだす必要に迫られる。

経営の合理化という点では絶対に太刀打ちできない。

それでも人による接客を求めるニーズがなくなるわけではない。

この分野でも、先を見据えたビジネスモデルの転換をいち早く成し遂げた企業が生き残っていくはずだ。


先にも少し触れたが、ＡＩを搭載した介護ロボットや掃除ロボット、サービスロボット、工場ロボットなどの導入は待ったなしで進んでいる。

20世紀は多くの単純労働をロボットに引き渡す時代だったが、21世紀に入り、すでに少し知的な労働も順次、ＡＩロボットに引き渡す時代になっている。

日本でも導入は進んでいるが、私に言わせれば、まだこんなことを人手でやっているのか……と呆《あき》れる場面も少なくない。

現在、日本は少子高齢化で人手不足問題が深刻だと騒いでいる。

しかし、本当にそうだろうか？

本来、**人がやらなくてもいい仕事、人に任せなくていい仕事を人がやっているだけだという面も少なからずあるはず**だ。外国人の労働者をアテにするより、各業界でロボット化を急いだ方が、よっぽど問題の根本的な解決につながるはずだ。

いま、国が新たに外国人労働者にやらせようとしている仕事のほとんどは、無人化だったり、ロボット化だったりできる。

例えばレストランの予約を取るのだって、まだ電話予約が中心だ。電話で話すことは決まりきったフレーズばかりなのに、ネットやロボットによる自動受付が採用されない。

客のニーズをよく考えることなく、ここに人を介在させることがサービスの一環だと勘違いしている店主もいるだろう。

人間の役割は一部の接客だけになる

先の販売業も同じだが、外食産業全般で本当に人手が求められるのはごく限られたパートのみになりつつある。

最後の接客のコミュニケーションのパートだけは人間が担い続けていくと思う。料理について語り合い、料理以外のたわいもない会話を交わし、食事の場を楽しいものにしてくれる。

娯楽の場を創出できる才能は、ＡＩロボットよりもきっと人間の方が有利であり続けるはずだ。

現在、私が飲食業のビジネスモデルとして注目しているのは、スナックだ。仕入れはほとんど酒屋との連携で自動化されており、ママの愛嬌《あいきょう》とコミュニケーションの才能で、集客をうまく回している。

スナックの本質的構造を応用して、話題のストリーミングサービス「ＳＨＯＷＲＯＯＭ」は成功をおさめている。

中途半端に人を介在させるのではなく、魅力的なママだけは人間で、あとの作業を担うのはロボットで十分だ。

安価な外食チェーンが人気を集めているように、外食産業ではサッと一定のクオリティの食事を済ませて帰りたいという人のニーズが増えている。タッチパネルで注文する店舗も増えている。いずれはＡＩが搭載され、好みのメニューや気分に合わせたオススメメニューが優先的に表示されることになるだろう。

品物を運ぶだけなら、店員だってロボットで十分だし、ロボット化は着実に進んでいる。マクドナルドなどのファストフードの店員や回転寿司の板前も、ロボットで十分だろう。

ちなみに、第2章に登場した石黒浩さんも、ソニーと共同で「調理ロボット」や「配達・配膳ロボット」の研究を進めている。

人間の店員は、トラブル対応や一部の接客だけをやるようになるだろう。

宅配チェーンのあり方も変わっていく。例えば、宅配ピザの厨房では、いまはアルバイトが具を手で乗っけて、手作業で焼いている。これらはすぐ自動化できるだろうし、早晩そうなるはずだ。

自動化の波は、すごい勢いで外食産業の労働環境を変えていく。

ＡＩロボットの導入が進むにつれて、**有人サービスと無人サービスの二極化**がいよいよ本格的に進んでいく。有人サービスは、知識豊富な手厚いコンシェルジュとしての機能が、いっそう求められることになるだろう。

自動配送ロボットの研究を始めた理由

小売りの業界地図を大きく塗り替えたネットショッピングも、いよいよ〝川上から川下まで〟の自動化が進みそうだ。

現在、配送のパッケージングもどんどん自動化されている。定形外の商品や、柔らかいものを包むのは人の手の方が早いので、いまはまだ出荷工場で人が働いている。しかし間もなく人手はいらなくなる。

アマゾンやゾゾタウンの倉庫で働いている労働者の数はいまがピークで、今後は急速に減っていくだろう。

そのアマゾンもゾゾも、人のかかる仕事の最後の砦《とりで》となっているのが、配送だ。

膨大な商品を、決められた日程と時間で配送するのは難しく、配送会社に委託している状況だ。配送大手のヤマト運輸も佐川急便も、人手不足が深刻なことはご存じだろう。

ただし、この分野でも、ロボット化は着実に進んでいる。

アマゾンは独自にドローン配送を研究しているし、ヤマト運輸も自動運転車「ロボネコヤマト」の実証実験を始めている。

人が物を配送する仕組みも、そろそろ終わりに近づいている。

配送の需要に対して、労働の供給がまったく追いついていないのだ。

深刻な人手不足に悩む配送業は、業界全体がＡＩロボットによる無人化へと、舵をきっている。

配送業の最大の課題は、最寄りの基地局から利用者の建物を結ぶ、最後の区間＝ラストワンマイルをどのような方法で埋めていくかというものだ。

その課題を解消するツールとして、ラストワンマイルに絞った、自動配送ロボットの研究開発が世界中で進んでいる。

実は、私も新しく会社を設立して、ベンチャーの立場から、この分野の製品開発に挑んでいる。2018年11月のイベントで、初披露した「Hakobot（ハコボット）」である。

2018年の初め、私は知人たちとエストニアを旅行して、現地のベンチャー企業を何社か視察した。そこで見た自動配送ロボットが、とても面白かったのだ。

ハコボットはまだ実験段階ではあるが、ラストワンマイルの問題の大部分を解決してくれそうな手応えを感じている。

人が働く10分の1程度のコストに

ロボットで配達する最大のメリットは、むろんコスト面だ。

人件費や配送トラックなどを使った通常の配達費の、10分の1程度までコストを下げられる。車を使った運搬に比べて、クリーンな環境が保たれるのもメリットだ。

ネットショッピングの急増により、現在、日本国内では年間約35億個以上の宅配便が運搬されており、パンク寸前だ。まだまだ需要は伸びており、人手を増やしたところで、焼け石に水でしかない。

研究開発中のHakobot初号機。GPSやセンサーを駆使して、ラストワンマイルを自動配送する

特に地方では、人口の減少や高齢化も加わり、配達員への負担は増える一方だ。

運送業界の緊急的な問題である人手不足の解消、そして労働環境の改善、業務の効率化を実現するには、無人配送ロボットの普及が急務だ。

私たちのハコボットの初号機は長さ73センチ、高さ70・3センチ、幅60センチのコンパクトなサイズだ。動力は電池で賄っている。1回の充電で時速4キロ、往復2キロを走行できる。車輪は走行用ベルトモードにもできるので、雪道や悪路対応も可能だ。

本体にはＧＰＳ（全地球測位システム）が組み込まれ、設定されたルートを精密に動き回る。安全対策に、障害物を検知するセンサーも取りつけた。

ひとまず現段階で考えられる課題は、ほぼクリアできている。会社を設立してまだ1年も経たないが、２０１９年の間の実用化を目指している。

現状、ラストワンマイルを埋める輸送費は、かなり高い。配達員のバイト代の時給換算でいくと、最低でも１０００円はかかるだろう。８時間労働で８０００円だ。

しかしロボット労働者は、1時間あたり５００円の課金で採算が取れるシステムを組める。何しろ彼らは、休憩なしで24時間働けるのだ。コストの全体比は大幅に下げられるはずだ。

1時間５００円で働いてくれれば半日12時間で６０００円。バイトの8時間の仕事よりも、グッと安く抑えられる。

システムの最適化が進めば人が働く3分の1か、5分の1程度のコストで済むようになるだろう。

自分自身で無人配送ロボットのビジネスを進めていくなか、より確信を強くした。**仕事のAI化、ロボット化の流れは、もはや止められない**のだ。

周囲を見渡してみても、外国語の講師、ホテルの受付、オフィスの掃除、補修工事……かなり多くの分野の仕事は、ロボットに〝丸投げ〟できるようになっている。

無人である方が、利点の増えそうな仕事だって、数えだしたらきりがなさそうだし、無人だからこそ可能性が広がることもある。

例えば、ハコボットも、配送だけではなく、防犯カメラ機能などを搭載して、「無人警備員」として使う用途がすぐに思い浮かぶ。

抵抗してもロボット化は粛々と進む

自動ドアだって、センサーや制御システム、アクチュエーター（駆動装置）を備えた、いわばロボットだ。ドアマンを雇うより、自動ドアの方が安く上がる時代が来れば、経営者は否応なしにロボットを登用していく。そうした分野が急速に、拡大していくのだ。

それでもまだ、多くの会社で人手が使われている理由は、「人が相手だと安心できる」「客は人による接客を求めている」という、根拠不明な思い込みがほとんどだ。

しかし本当は、いまの仕事を奪ったら怒りだして、デモや訴訟とかを起こす厄介な人たちと対峙《たいじ》するのが面倒なだけだったりする。

どんなに抵抗や先送りを試みても、AIやロボットによる自動化は粛々と進んでいく。人件費よりも減価償却費が下回れば、機械化やロボット化が進むのは当然の帰結だろう。


先にも紹介したが、仕事現場だけでなく、**家庭内にもさまざまなAIロボットが浸透し、私たちの暮らしは変わっていく。**

昨今、一般の人たちの生活圏に、うまく順応しているAIロボットの代表格として挙げられるのが、スマートスピーカーだ。アマゾンの「Amazon Echo（アマゾン・エコー）」やグーグルの「Google Home（グーグル・ホーム）」がテレビCMをバンバン流しているが、それだけ消費者の関心が高いことの表れだろう。

生活に関わるあらゆる質問に答えてくれて、スムーズな会話もできる。スピーカーの形状をした、いわば対話型のＡＩロボットである。

私は当初、そのニーズに懐疑的だったが、予想外の使用方法が広がっているようだ。私の友人の家庭でもそうらしいのだが、子どもの話し相手になってくれ、育児面ではずいぶん助けられているという。

子どもは別に意味のある言葉を投げていない。無意味な質問をずっと続けがちだ。普通の大人なら相手にしきれず、仕事や家事にも影響が出てしまう。

しかし、スマートスピーカーはとことんつき合う。子どもの方が飽きるまで、どこまでも無意味な会話につき合ってくれる。

そして「延々と会話を続ける」作業は、子どもの言語の認知発達においても、非常に効果が高いと言われている。

たくさん喋った子どもが賢く育つのは、発達心理学の面でも正しい。

その相手が人間である必要はなく、何なら飽きずにつき合ってくれる、しかも叱ったり否定的な言葉を返したりしない、ＡＩロボットの方が優れているのかもしれない。

スマートスピーカーは、アマゾンやグーグルが家庭内のビッグデータを採って、ディープラーニングに活かすために開発したものだと私は考えているが、とりあえず子育てヘルプの道具として、大変優れた成果を上げている。

さまざまな形状が考えられるが、いずれは「御用聞きロボット」として、ごく一般的に家庭内に欠かせない存在になるかもしれない。

投資や発掘もＡＩでリスクヘッジ

医療の分野でもＡＩやロボット技術は積極的に導入されている。

「ダビンチ」などの手術支援ロボットは昔から有名だが、最近では画像診断などの技術の進化が大いに役立っている。

ディープラーニングによって、病人の顔のパターンが抽出できるようになり、医師の診察をサポートしている。人間の診察ではわからなかった原因を突き止める例も多々ある。

このほか、例えば、認知症では、経験豊富な医師は高齢者の顔を見るだけで、「この人は2年後に認知症になる」と予測できるそうだ。

しかもかなりの精度で当たるらしい。

人間の経験値の段階で、病気予測はある程度、可能になっている。ビッグデータを解析するAIにできないはずはない。画像認識は予防医療にも大きく貢献するだろう。

私は、レーシックやICL（眼内コンタクトレンズ）を手がけるクリニックの顧問を務めている。

そのためレーシックやICL業界の情報に詳しいのだが、最近、多焦点眼内レンズという、マルチフォーカスの老眼治療用のレンズ技術が実用化した。

そしてその進化系として、レンズのフォーカスをどこに合わせればいいのか、極小のAIが判断して厚みを自動操作するような技術も実用化されるだろう。

しかも、体内電離差を利用した給電システムだけで稼働できるようになるだろう。

そのレンズは10年以内に、完成形が発売されるかもしれない。

眼内にインプラントすることで、老眼の人も生涯オートフォーカスでクリアな視界を得られる……これもまた、ＡＩやロボット技術を応用した〝身体拡張〟の例だ。

血糖値を自動的にＡＩで計測するコンタクトレンズの開発も進んでおり、あらゆるアプローチで予防医療に役立てようという試みが続いている。

コンタクトレンズで言えば、さらにすごい製品の開発も進んでいる。多機能コンタクトレンズの進化は目覚ましく、例えば、目の前の相手のデータを画像認識とディープラーニングで解析し、名前・年齢・所属・ユーザーとの関係性などを、瞬時に眼上に表示するレンズの研究が行われているのだ。

目と記憶の機能を高める〝身体拡張〟ツールとなりそうだ。

金やレアメタルを埋蔵している鉱山の発見にも、ＡＩの画像認識は使われる。山の外観写真の解析だけで、ゴールドラッシュが！　という奇跡は、夢物語ではないかもしれない。

すでに世界の大物投資家たちは、例えば、航海中の石油タンカーを衛星画像で見つけ、海面に沈み込んでいる船体の加減から、石油の搭載量を分析しているらしい。

その情報を、運搬先の国の原油価格の先物取引に利用しているのだという。そこまでするか？　と思うが、技術的にはあり得ない話ではない。

発掘も投資も、大きなリスクが伴うのが常だが、**ＡＩがリスクヘッジに役立っていると**いう話だ。

有益なデータを持つ者が富裕層に

私が手がけている宇宙事業にも、ＡＩの画像認識はさらに採り入れられると思う。

地球観測の映像は、リアルタイムでの撮影が難しい。何時間に1回か撮影されたものが送られてくる程度だ。しかし宇宙関連技術の進歩で、リアルタイムの画像・映像が、どんどん送られてくるようになりつつある。

そこで得られる膨大なデータを、ＡＩの画像認識で解けば、気象予報・航空航路の整備・地殻変動の予知・紛争の危機の回避――など、多種の分析ビジネスに活かせるだろう。

これからはデータの価値がますます高まる。多くの有益なデータを持つ者が、富裕層に並ぶか、それ以上の権力を発揮することになるだろう。

そして、人間だけが独占していた有益な情報を、ＡＩも自ら取得できるようになりつつある。

しかもスピーディに、大量に。

今後は逆に、**人間の方が、ＡＩの方から教えてもらう機会が増えていく**はずだ。

情報が、ＩＴを基に、世界のビジネスを動かす。

金やアイディアではなく、情報を持つ者が勝つ。

現代社会の法則が、ＡＩの進化によって、より強化されるのだ。

ＡＩから教えてもらうことの先進性について、具体的な事例を挙げておこう。

近年、ＡＩと将棋や囲碁の対局が、たびたびニュースになっている。

将棋ソフト「Ponanza（ポナンザ）」が、プロ棋士との対局で互角以上の戦いを繰り広げ、または勝利をおさめている。

将棋の局面は、論理的に構成されているものではない。それをどのようにプログラムするかは、開発者側の長年の課題だった。

ポナンザの開発者である山本一成さんは「将棋のプログラムは1万行ぐらいで、そのぐらいの容量のプログラムに、将棋のすべてが書いてあるわけではない。プログラム以外に人工知能自身が学習した部分がある」などと語っている。

つまりAIは自らの「学習」で、爆発的進化を遂げたと考えられている。

一方、囲碁は長年、まだまだAIは人間には勝てない、と言われてきた。有名な話だが、将棋よりはるかに局面数が多いからだ。

盤面ゲームは「AI対AI」の領域に

盤面ゲームの難しさは、局面の総数のn乗に比例するものだ。

例えばオセロは10の60乗、チェスは10の123乗である。オセロはルールがシンプルで局面の総数も少ないので、ファミコンぐらいの時代に、コンピューターは人に勝つ方法を完全に解析していた。チェスは１９９７年５月、ＩＢＭの「Deep Blue（ディープ・ブルー）」が、当時の世界チャンピオンを倒していた。

将棋は局面数が10の２２６乗で、これも近年ＡＩの方が解析に成功、プロ棋士に黒星をつけ続けている。

一方、囲碁の局面数は、10の３６０乗。ほかの盤面ゲームとは段違いの複雑さだ。ＡＩが人に勝つには、数十年かかるだろう……と言われていた。

しかし……。

２０１７年５月、世界ナンバー１の囲碁棋士、柯潔九段がグーグルに買収されたディープマインド社が開発した囲碁ＡＩ「AlPha Go（アルファ・ゴー）」にあっさり敗れた。

先ごろは同社が新しく開発した「AlPha Zero（アルファ・ゼロ）」が囲碁、将棋、チェスの３つのゲームを完全解析し、それぞれのゲームで最強とされるＡＩソフトを次々と打ち破ったそうだ。

もはや戦いは、ＡＩ対ＡＩの領域に入っている。

人は置き去りにされている……とまでは言わないが、盤面ゲームに関しては、人の方が強い！　という常識は完全に過去のものになりつつある。

盤面ゲームは無数のパターンの組み合わせをいかに処理して最適解を出すか、という勝負だ。ディープラーニングのお得意の作業と言える。膨大なデータの処理能力で負ける人間が、やがてＡＩに敵《かな》わなくなるというのは、驚くような事実ではない。

将棋や囲碁の棋士と共に、ＡＩは進化している。

その対応関係を象徴するのが、藤井聡太くんだ。

藤井くんは小学４年生で奨励会に入り、中学時代からリーグ戦で連勝を重ね、史上最年少の15歳で七段に昇格。最近では、羽生善治九段の持っていた最年少・最速での通算１００勝の記録を更新している。

藤井くんのような天才少年の出現は、ひと昔前は誰にも想像できなかった。

しかし、急速に進化していくテクノロジーが、彼のような突き抜けた能力を発揮する若者を育てた。

彼は小さい頃から、将棋教室に通いながら、将棋ソフトで修行したという。物心つかないうちに勝負の思考設計を、棋士の手業ではなく、ＡＩで学んだ。それがほかのオールドタイプのプロ棋士との、大きな違いだ。


ＡＩは、延々と自己対局を膨大にやり続けるという、人間には難しい作業を重ねていくことで、人間が見つけられていない勝利の定跡を発見していく。

「意味はわからないが、こっちの手がスコアで勝つらしい」と、人間でいうところのアドリブ感覚で臨んでくるＡＩ棋士には、太刀打ちできない。

藤井くんの戦法はＡＩで鍛えられた

ＡＩを搭載した将棋ソフトで、藤井少年はトレーニングを積み重ねた。

勝つための戦略の所有パターンが、はるかに人間を超えているテクノロジー棋士が、彼の先生でもあったのだ。

藤井くんの指し筋を見て、多くの先輩プロが「発想が違いすぎる」と驚いている。将棋に詳しい人に言わせると、もはや別次元の戦法らしい。

彼は将棋という**古くからの伝統的な盤上の戦いに、最新テクノロジーの頭脳を持ち込んだ**、第1世代のプロ棋士として、後世まで語り継がれる存在になるだろう。

現在、プロ将棋の世界では、将棋ソフトで鍛えていない棋士は少数派だという。AIで鍛えられた藤井くんのような棋士の出現は、続いていくはずだ。人間の考えたゲームで、人間はAIに、人間の考えつかなかった手で負けようとしている。

強いプロ棋士と、どれだけ対局しても、人間には時間的に限界がある。

しかしAIは、何十万年分もの対局を、瞬時にこなしているのだ。

人間が何十万年も生きられたら同じことはできるだろうが、無理な話だ。将棋のようなディープラーニングの技術を活かせる戦いでは、もはや人間に勝ち目はない。

寂しい現実……と受け止める人もいるかもしれないが、私はそうは思わない。

どちらが優れているか？　という単純発想しかしないから、寂しくなるのだ。

ＡＩに勝ち方を学ばせてもらう！　と考えた方がいい。

藤井くんのようにデジタルネイティブ世代は、完全にそちら側の思考でスマホを触っている。

いつの時代も、テクノロジーはいち早く使いこなしたものが有利となる。新しいテクノロジーに適応して、使い尽くす！　と腹を決めた人が、常識外れの偉業を成し遂げるのだ。


私はたびたび教育問題について意見を述べているが、ＡＩの進化により、指導・教育の場も根底から変わっていくだろう。

人間の先生より、**AI教師の方が**、**筋がいい**のは間違いない。

情緒的な指導に長《た》けている「いい先生」がいるというのは認めるけれど、ディープラーニングによって効率よく指導する能力は、ＡＩの方がはるかに高い。

そもそも「人間的な教育」という、曖昧な考え方が大事にされすぎている。

「人間的」なるものの定義ができていないのに、人間的成長を年少の子どもたちに求めようとするから、体罰だの根性論だの、非効率な指導を強いてしまうのだ。頑張れば夢はかなう！　必ずいい結果は出る！　などと、ＡＩ教師は決して教えないだろう。

「ＡＩ教師」を活発に導入していくべき

もちろん頑張ることも、夢を追うことも大事な面はあるが、そんなことは教師が指導することではない。

指導すべきは、何を学びたいのか？　そのために何をすればいいのか？　という自問の力であり、無数の選択肢のなかから最適解を見つけ出す判断力、そして行動力だ。

多様化が進むこれからの時代において、自問力と判断力、積極的な行動力は、より必要性が増すだろう。

ディープラーニングの高度な解析力を有するＡＩ教師は、その指導に適している。

人の教師を全撤廃して、ＡＩに総入れ替えするのは、制度的にも難しいと思う。

しかし実現したら、いま抱えられている教育問題の大部分は、解決されるのではないだろうか。

私としては、ＡＩ教師を、活発に導入してほしいと思う。

教育現場だけではない。

スポーツやトレーニングの世界にも、ＡＩ技術は採用されていくだろう。

例えば野球のバッターのスイングを矯正するのだってＡＩの指導の方が細やかだ。ホームランから三振までのすべての打撃フォームをディープラーニングで解析し、「現在の振りから〇ミリ、バットを寝かせればホームラン」「〇ミリで三塁打」など、具体的かつ効果的な指導ができるだろう。

人間の見た感じの修正箇所と、コンピューターのとらえる確実な修正箇所を埋められれば、打率は間違いなく上がる。

一方、人間の指導では、いまだに「調子が悪ければ走れ！」といった精神論が横行している。科学的な根拠やデータに基づかない指導によって、才能を伸ばせないプレーヤーも多い。画像解析を用いた技術指導は、ゴルフやテニス、陸上などあらゆる競技にも採り入れることが可能だろう。

練習法は劇的に変わっていくだろうし、指導する側のビジネスモデルも変わるはずだ。いつかＡＩコーチが主流となり、元選手ではなく一度もボールを触ったことのないようなＡＩエンジニアがメジャーリーグの監督に就いたり、コーチングビジネスを展開したりするような時代になるかもしれない。

会社の経営者や上司、現場監督にだって、ＡＩ教師の活用が求められる。**「勘」とか「経験」とか、適当な基準で指導してくるような人間は、全体の士気や生産性を落とすだけの存在**だ。

ＡＩ＆ロボットビジネス「成功の秘訣」

ロケット開発事業やハコボットに携わるだけでなく、いくつもの取材を重ねるなかで、複雑なＡＩやロボット関連のビジネスで成功するためのポイントが見えてきたので、紹介しておきたい。

まずは、チームビルドの重要性だ。

組織づくりと言い換えてもいい。何かを成し遂げる、特にＡＩロボット開発のような高い専門性と技術、情報収集能力が問われる事業を手がけていくには、優れたチームが不可欠だ。

まあ、あらゆるビジネスは人材集めに尽きると言っても過言ではないが、移り変わりの激しい世界だけに、より高いスキルを持った即戦力が求められる。

第1章に登場した東大大学院の松尾豊さんも、東大に研究の拠点を置いている理由について「集まる人材が優れているから」と言っていた。第3章で紹介した古田貴之さんも、「チームづくりや人材スカウト」がいかに重要かを説いていた。

研究や開発が苦労するからこそ、集まった人材は宝物なのだ。

チームづくりでは、私には苦い経験がある。ライブドアを経営していた頃、時間と手間をかけて、ようやく満足のいく技術者集団をつくりあげた。

「こういうサービスをつくろう！」と私が言い出せば、3日どころか1日でガーッ！とシステムをつくり、即リリースできる。そんな理想的なパフォーマンスを可能にしていた。私の意のままに動いてくれる、ビジネスの万能集団。あの財産に比べれば、不動産だろうと宝石だろうと、どんな高額のお宝もオモチャみたいなものだ。

その財産が、ライブドア事件をきっかけに、すべて奪われた。この先、私が人生でたったひとつ、失ったことを後悔するものかもしれない。

いまも私は、ロケット開発事業において、何より優秀な人材集めに奔走している。テクノロジーの進化を信じて、私なりのやり方で、世の中を変えていくビジネスを、仲間と共にいくつも成功させたいと思っている。

ネーミングセンスで〝キャズム越え〟

それからＡＩであれ、ロボットであれ、どんなに技術的に優れていても、商品化して世の中に広く普及させるためにはもうひとつ大事なことがある。

商品のネーミングやキャッチコピーだ。

例えば、iPhoneの中身は事実上パソコンなのだけど、「電話」とネーミングし、人々に携帯するものだという意識を植え付けた。

iPhoneのなかで電話は、アイコンのひとつでしかない。私など電話としては、ほぼ完全に使用していない。

それでもあえて商品名を「Phone（電話）」とし、人々の心をくすぐったのだ。日本企業が技術的には良かったけど、冴《さ》えないネーミングの商品を投入し続けてはパッとしなかった状況のなかで、ネーミングのセンスによってあっという間にキャズム（初期市場からメイン市場へ移行する際の深い溝）を越えられたのだ。

アップルのセンスは、いろんな意味ですごい。ひとり1台というような規模での普及を目指すためには、**ネーミングは非常に重要**だ。

技術の優位性はあっという間に追いつかれてしまう時代だ。スマホに続く、自動配送ロボットやパーソナルモビリティ、ヒューマノイドやアンドロイドなども、デザイン的な要素やネーミングがカギとなる可能性は高いだろう。

どれにだって、「iPhone」に匹敵する正解は、きっとあるはずだ。

そして、ネーミングやキャッチコピーとも関連してくるポイントだが、製品に対する「愛着」の創出も欠かせない。

パーソナルモビリティであれ、ヒューマノイドであれ、人のパートナーロボットになるためには、「こいつとずっと一緒にいたい」と思わせることが肝心だ。

意外と、高い機能性よりも重要だったりする。

愛着の原理を解くのは、非常に難しい。

使い勝手の悪いハサミなど古い道具を、「愛着があるから」と、人はいつまでも使い続けていたりする。雨漏りや壁の劣化で住みにくくなった古い家に、わざわざ住み続けている人も多い。

使いきった仕事道具、ボロボロになったぬいぐるみ、動かなくなった時計……どうみても用途の寿命が尽きているものでも、「愛着があるから」という理由で、けっこう多くの人は大事にし続けるのだ。

「愛着」の答えがビジネスチャンスに

スマホをなかなか新機種に変えようとしない人も、愛着があるからだろう。ロボットにも、愛着を持てるはずだ。

現に、ソニーが部品の供給を取りやめてしまった初代アイボは、いまでも初期タイプを修理しながら、大事に使っている人が大勢いる。

千葉県のとある修理会社にはビンテージオーディオやペットロボットのほか、メーカーが修理不可とした、さまざまな製品が持ち込まれる。

なかでも、初代アイボの修理依頼が絶えないそうだ。

動かなくなってしまったアイボの延命を望む〝飼い主さん〟たちの願いは切実だという。もう一度、動くアイボと一緒に過ごしたい。可愛く懐いてくる姿に会いたいという。生きているイヌやネコと同じ、パートナーとしての愛着が、そこには存在しているのだ。

また、千葉県のあるお寺では、役目を全うした、動かなくなったアイボの供養を手がけている。

「死んだアイボ」を棺《ひつぎ》に入れて、葬儀を執り行い、別れを告げる飼い主さんの心情にも配慮しているそうだ。

住職はこう説いているという。

「ロボットやＡＩは人間の心をうつす鏡。第三者から見てロボットに意思がなくても、人が愛を持って見つめる限り、その相手に〝魂〟は宿るはずです」

なるほど、その通りかもしれない。

ＡＩやロボットにも、きっと深い愛着は宿る。

愛着がない限り、人のパートナーとしての役目を引き受けるのは難しい。

しかし、愛着はどうすれば創出できるのだろうか？

一緒に過ごした時間の長さなのか、可愛らしいデザインなのか……おそらくそれだけではない。もっと複合的な、人と親和する、本質的な何かだ。

道のりは遠いかもしれない。しかし、意外とあっさり答えは出るかもしれない。

誰も愛着とは何か？　という問いの答えをまだ見つけられないのだから、そこにたどり着けば、**あらゆるビジネスチャンスが転がり込んでくる**だろう。

あなたが考えてみても、損はないはずだ。

第5章

リデザインされる世界をどう生きるか

ゴールドマン・サックスにもＡＩ化の波

身の回りの仕事や生活は、すでにＡＩやロボットによって大きな変化がもたらされつつある。

高度なパーソナルモビリティやヒューマノイド、アンドロイドの登場により、数年前には誰も信じなかった、ＳＦのような世界で生きていく姿も現実味を帯びてきた。

私たちにいま問われているのは、「仕事が奪われる」とかいう次元の問題じゃない。**ＡＩやロボットによってリデザインされる世界を、どう生きるか**という話だ。

間違いなく、いまある仕事の大半は、ＡＩやロボットに奪われていく。

日本経済新聞と英フィナンシャル・タイムズの共同調査によると、人が現在、携わっている約２０００種類の仕事のうち、３割はＡＩロボットへの置き換えが可能だと判明したという。日本に限定すると、製造・建設・運搬など従事者の多い仕事のうち、５割強の業務を、ロボットによって自動化できることも明らかになっている。

ホワイトカラーも安泰ではない。

金融機関でも自動化の波は押し寄せていて、事務職ではファイル作成など6割以上の仕事をロボットに代替できる。

2000年、米ゴールドマン・サックスでは600人いたトレーダーが株式売買の自動化システムに置き換わり、現在では数人がオフィスに残っているだけだという。

株式売買の業務における複雑な数学的判断は、AIのディープラーニングのお得意の領域で、人間の頭脳が敵うはずがない。

世界的投資家のジム・ロジャーズも「AIが進化すれば、証券ブローカーなど株式売買に関わるプロは消える」と断言していた。

投資だけでなく、専門性の高い分野にも、AIロボットの進出は進んでいる。

近い将来、一部の有能な医師が、世界中の患者の診断・手術を、遠隔ロボットを介して手がけることが予測されている。そしてヤブ医者は、きれいさっぱり消え去る。

第2章で紹介した石黒浩さんは、「膨大な試薬のデータ分析が必要な製薬業は、人間の研究者よりもＡＩの方が優れている。そのうちＡＩが、ノーベル生理学・医学賞を受賞するだろう」と予言している。私も同じ意見だ。

アマゾン倉庫内の写真が出回らない理由

日本企業は世界的には特殊な存在だが、基本的に企業は従業員の雇用を無駄に守ろうとはしない。

例えば、アマゾンについては以下の状況が伝えられている。

《アマゾンの倉庫内部の写真が世間にあまり出回っていないのに気づいた人はいないだろうか。それはなぜなのか。

あまりにも衝撃的で、不安をかきたてる光景だからだ。

安全が守られていないとか？　従業員を酷使しているとか？

どちらも違う。不安をかきたてるのは、従業員を酷使するどころか、従業員がいないことなのだ。ジェフ・ベゾスのビジョンには、人間のための仕事はないのだ。》（『the four GAFA 四騎士が創り変えた世界』スコット・ギャロウェイ／著、渡会圭子／訳、東洋経済新報社）

同書には、ほかにも、

《おそらく私たちの社会は、中産階級を維持する方法を見つけなければならないという重荷を背負うことをやめてしまったのだ。》

との分析がなされている。

明察だろう。ＡＩやロボットのデザインする社会における、「ＧＡＦＡ」の偽らざる態度の本質を鋭く突いた言説だ。

フェイスブックとグーグルはメディアを、アップルは通話・通信を支配した。アマゾンは小売業界の支配に事実上、成功している。

この快進撃を支えたのは、ＡＩ技術を中心とするテクノロジーだ。

多くの労働者の雇用創出ではなく、人々にとって何が求められていて、何を的確に与えられるのかを考え抜き、テクノロジーを駆使したサービスの最適化を推進してきた。

そのビジネス戦略において、人員の省力化が進められるのは、まったくもって筋が通っている。

グローバル企業の側としては、ロボットが代わりにやってくれる仕事を、順序よく置き換えているだけだ。

「何のために働くのか」の本質に気づく

先にも述べたが、AIやロボットの導入は、単純に人間とのトレードコストの問題だ。

各地の配達倉庫では人の労働者が、まだいるにはいるけれど、それは賃金が安いからだ。

経営者の立場から見てロボットの方が安く導入できるのなら、躊躇《ちゅうちょ》なく取り変える。それをしなければ、経営者失格だ。まったく不合理はない。

しかし労働者の側から、「仕事を奪われたら生きていけないじゃないか！」「どうやって生活の糧を得たらいいのだ！」と言い返される。

ＡＩやロボットの台頭＝仕事の減少＝失業者の増加＝社会不安の増大……という構図を、何の思慮もなく思い浮かべてしまう人たちの思考が、私には理解できない。

そんな人たちに、ひとつ問いたい。

あなたは何のために、働いているのですか？

こう問われて、「生活のため」「家族のため」「お金をもらうため」と即答する人が、かなり多いだろう。

それはそれで間違いではない。

しかし、質問の本質を、とらえていない。

私が問うているのは、働く根源的なモチベーションの話だ。

あなたがもし、「生活のため」と即答する側だったとしたら――生活に満ち足り、家族はなく、どこかで1億円拾って預金通帳に9ケタの数字が並んだら、もう働かない、ということだろうか？

「その通りです」と答えてしまう人は危ない。生涯、**AIやロボットに「何か」を奪われ続ける人生**となるだろう。

AIやロボットは、社会のインフラ構造ひいては資本主義の根底までを、革新しようとしているのだ。

働くことを、お金や生活との引き換え、つまりトレードコストで考えていると、その大きな流れに抗《あらが》い続けることはできない。

わずかなお金と、生活の安心を、人生の時間と引き換えにして、本当に大切なものを、変化の波に知らないうちに吸収されていく……。そんな残念な状況が、私にはうかがえる。

何かの行動を起こせる人が生き残れる

何のために働いていますか？　何のために生きていますか？

何のために時間を投じ、身体を動かし、人生を費やしているのですか？

こうした問いに対して、「生活のためです」「お金目的です」と堂々と答えられる人は、ある意味すごいな、とすら私は思う。

人が働く根源的なモチベーションは、楽しいから、好きだから。それが基本だろう。楽しんでいるだけで暮らしていける環境が、AIやロボットなどのテクノロジーの進化のおかげで、到来しようとしている。

なのに、自分で苦しい道を選択している……俗世を捨てて山ごもりに入る、修行僧の発想だ。お金や生活に支配されて生きている人は、私からすれば逆の意味でストイックに思えてしまう。

どうして自ら、辛く苦しい、何も生みださない道を行こうとするのだろう？

生活の糧を得るために働いているという意識の人は、たしかにAIやロボットの進出を脅威だと考えてしまうかもしれない。

テクノロジーの輝かしい能力に目を向けず、気になるのはいまの環境を奪われる不安ばかりで、自分が社会から追いやられる恐怖にビクビクしている。


あなたが、もしそう感じているとしたら……はっきり言おう。

あなたが好きなのは、お金ではない。

潤沢な糧で得られる、安定した生活でもない。

不安だ。不安になるのが、好きなだけなのだ。

ある意味で「不安好き」の自己洗脳にかかってしまっている。

だから「あなたは何のために、働いているのですか？」の問いの本質に、気がつけない。


声を大にして、改めて伝えたい。


僕たちはもう働かなくていい。

嫌な仕事、面倒なことはしなくていい。

これからの時代、生き残れるのは、安定した仕事を与えられた人でも、お金持ちでもない。**働かなくてもいい世界で、なおモチベーションを持ち、何かの行動を起こせる人が、生き残れる**のだ。

ＡＩやロボットは、そうした人たちをふるい出すツールでもある。

「財が足りない」という意識を改める

そうは言っても、財産が足りないのだから、嫌々でも働かないことにはどうにもなりません……と引き下がらない人もいるだろう。

異論は承知のうえで、論を先に進めていく。

まず「財は足りない」という意識を、解いていく必要がある。

資本主義社会において長年、経済の指標となってきたのは国内総生産＝ＧＤＰだ。

この数値は、国家の運営に役立てようという思想で設計された指標だ。産業革命以降の資本主義国家の経済発展には、役立ったと思う。

だが近年はＧＤＰという「物差し」が役目を終えつつあることを、理解してほしい。ＧＤＰはざっくり説明すると、国民が働いた成果をすべてお金の価値に還元して、計算された指標だ。ひと昔前には機能していた。

しかし情報技術やテクノロジーの進化により、「働く」ということの定義が、急速に曖昧になってきた。そんな時代に、どれほど信頼できる指標になりえるのだろうか。

例えば、好きなことを人に見せて、広告収入を得ているYouTuberは「楽しみを共有する」という無形の財を生んでいる。

「ＳＨＯＷＲＯＯＭ」でライブ配信を頑張っているアイドルやタレント、趣味のものや旅行先の写真をアップして稼いでいるＳＮＳインフルエンサーなども同じだ。

また、お金にはならなかったボランティア的な活動も、クラウドファンディングなどを通じて金銭的な支援がなされるようになった。家事や子育て、困っている人を助けるのが好き！　という人への報酬も、ＮＰＯ法人などのサポートで、支払われる仕組みが整ってきた。

彼らの創出している財を、旧来のGDPの枠組みに入れるのは難しい。

ひと昔前まで、GDPに組み込まれている仕事とは言えなかった遊びや趣味が、仕事に成りかわり始めている。

いや、もしかしたら**従来的な仕事よりも、はるかに儲《もう》かるようになってきた**のだ。

給料や時給を、財とみなしているうちは、財の根本的な性質が変わってきている現在の潮流を、きちんと読み取れていない。

遊びが仕事全体の大きな部分を占めるようになって、GDPというものは、経済的発展のたしかな指標にはなりえなくなっている。

仕事の定義づけが急速に変化しているこの時代に、「財が足りない」と嘆いているのは、財を獲得するための正しい情報を得ていない証拠だ。

「財が足りない」と嘆く人は、「どこに財があるのか気づいていないだけかもしれない」と、まずは考えを改めてみてほしい。

筋のいい情報と、俯瞰的な視点をきちんと持っていれば、尽きることのない財は、あなたのすぐ近くにあると気づけるはずだ。

真の「働き方改革」を成し遂げよう

ここ数年、国が提唱する「働き方改革」とは別に、一部の先進的な社会人たちの間で、本当の意味での「真・働き方改革」を成し遂げようという動きが顕著になりつつある。新たな価値観で、仕事をとらえ直し、それぞれのライフスタイルに応じた仕事に取り組んでいこうという試みだ。

私が自発的に行っている「真・働き方改革」の提供の場は、会員制オンラインサロン「堀江貴文イノベーション大学校（ＨＩＵ）」だ。

いろんなところで語っているが、「ＨＩＵ」は大学のスタイルを参考にしている。しかし単位取得制の、従来の大学とは違う。会社組織でも、異業種交流の場でもない。

とにかく「やりたいことをやる」「すぐ行動する」人たちが集い、活発な情報交換により、既存の組織や企業形態とは違う仕組みで、魅力的なプロジェクトを実践していこうという人たちの集まりだ。

テクノロジーを利用した組織づくりの実験の場でもある。

ＨＩＵが提供する最大の魅力は、先に古田さんが言っていた「ものごとづくり」という発想ともつながるが、まさに「体験」だ。

体験を価値化することで、お金やインフラにとらわれない、次世代の暮らしを模索している。メンバーたちの自律的な運営で、次世代の暮らしを可能にしていけるだろうか？　という、私たちの「生き方改革」も実践中だ。

このような組織運営は、ほかにもどんどん増えているが、ＧＤＰの数値には加算されない。メンバーたちが自発的に楽しみ、スキルや人間関係を高め、遊びながら人生を過ごしていく方法を探り、行動している。

繰り返しになるが、「財が足りない」などと嘆いている人は、ＨＩＵのような活動が実際にあって、一大ムーブメントを起こし続けていることを知らないのだ。

仕事しないと生活できない。お金が稼げない。

そんな常識にとらわれないで、テクノロジーを信じて、好きなように行動してみてほしい。こんなところに財が山ほどあったのか！　と、新たな発見ができるはずだ。

ひたすら好きなことをしていればいい

あと、ひとつ大きな勘違いを解いておく。

日本の経済は長引く不景気でひどいことになっているとか、アジアのなかで地位が急落しているとか、ネガティブな情報にばかり目を向けてはいけない。

ＩＭＦの調査によると、日本のＧＤＰは１９８０年から基本的に右肩上がりを続けていて、ほとんど下落していないのだ。

２０１８年のＧＤＰは５５０兆円を超えている。

数値は30年余りで、倍以上の増額だ。

こんなに**儲けまくり、稼ぎ倒している国に暮らしていて、「財が足りない」と嘆いてい**

るのは、ブラックユーモアでしかない。

実は世界に、富は有り余っている。

食糧なんて、生産されたうちの、ほとんどを廃棄している。ロスになるぶんの食料をＩＴで効率よく減らしていくビジネスが生まれたりしているくらいだ。

社会の財は、足りていない……どころか、増えて増えて増えまくり、どう分けていこうか？　と、あらゆる研究機関で考えられているのが、真実の現状だ。

これからは放っておいてもＡＩやロボットなどのテクノロジーが、富を生んでくれる時代になる。**ＡＩ・ロボットが社会全体の富を自動的につくりだして、私たち人間みんなに、利益をもたらしてくれる**のだ。経済成長も、かなえてくれるだろう。

人間がやっていた「財をなすことが目的の面倒な労働」を、ＡＩやロボットが肩代わりしてくれる時代がやってくる。

人間にしかできない仕事はどんどん減っていき、自由な時間がますます増えていく。

ただそれだけの話だ。

それでは私たちは何をしていればいいのだろうか？

答えは簡単。**ただひたすら、好きなことをしていればいい**のである。

私の熱心な読者の方々には理解してもらえているのだが、働かないで生きていけることに、一般社会の多くの人たちは、いまだ疑問を持っている。

単なるホリエモンの仮説でしょう？

じゃあ具体的に、食べ物はどうやって手に入れるの？　恵んでもらうの？

と、短絡的にくってかかる愚かな人も少なくない。

私の論に批判的な人たちは、「食べていく」ことが人生で最も大事だという考えのようだ。

もちろん食べないと人は死ぬので、大事なことには違いないが、辛い仕事をしていかなければ食べられない……そう思い込んでいる。

いやいや、そんなことはない！　と私は強く言いたい。

経済を〝マイナス成長〟させる人たち

やりたいことをやればいい。

好きなことを好きなだけやって、食べていくことは、絶対に可能なのだ。

でも、そもそも「やりたいことが見つからない」という人も多い。

心配ない。**やりたいことが見つかるまで、探し続ければいい**のだ。

そんな生き方だって、社会は支援してくれる。

先にも述べたように、世界の食糧事情は供給過剰の状態だ。

食べ物は有り余っている。

飢えて死ぬなど、少なくとも日本で普通に暮らしているうちは、あり得ない。

余剰の資源の分配も含めて、労働を強いる以外に、人々の生活を支える政策の取り組みは、具体的に始まっている。

それがベーシックインカムだ。

ベーシックインカムとは、すべての国民に政府が生活費として一定額を支給する制度のことをいう。テクノロジーの進化や、貧富の急速な拡大をうけて近年、世界の有識者の間で議論が重ねられ、社会実装が進められているシステムだ。

実は斬新な近代的制度でもない。

もともとは18世紀末、社会思想家のトマス・ペインが提唱した、最低限所得保障が必要と説いた論文『農民の正義』や『人間の権利』がベースになっていると言われる。

数世紀も前から人類は、「働かなくても生きていける」暮らしの実践を試みていたのだ。

また、食べるために仕方なく……という感じで、嫌々働いている人々は、大きな目で見ると、経済を〝マイナス成長〟させている。

そんな無駄な不利益を防ぐためにも、ベーシックインカムを導入して、無理に働いてもらわないことは有効だろう。

すでに各国の市政レベルでは、ベーシックインカムの実験がさかんに行われている。

また、イーロン・マスクなど、主にＩＴ界の要人たちがその推進派となっている。発言力の高い人々が推進の声を上げ続けているのだから、政治や行政も無視できない状況になりつつある。

私も大いに賛成だ。私たちは従来の仕事や雇用の概念から抜け出し、ベーシックインカムによって実現する、経済的自由へと向かうべきだ。

完全自動栽培で食料は無限に得られる

人類の悩みのけっこうな大部分が「食えなくなる」ことだったわけだが、その悩みが社会制度で解かれようとしている。

このムーブメントに呼応するように、食料を無料で製造・供給していこうという動きも、活発化している。

ＡＩやロボットの導入で、農業の自動栽培は、かなりの面で可能となっている。

アメリカや中国では実際、広大な野原で自動生産が行われているのだ。

小麦やトウモロコシなど、穀物はほとんど人件費がかからず、かつ無限に、生産できる。小麦とトウモロコシが無限に食べられるのだから、人類は事実上、飢えを克服したと考えてもいい。あとは分配の仕組みと国の制度が整うのを待つのみだ。

コメも自動栽培できる。

日本もすぐ実施できるはずなのだが、国産米や伝統的農業の保護だとか、感情的な意見がまだ強く、非効率的な農業生産が続いている。

テクノロジーの持ち腐れもいいところだ。

私たちはテクノロジーにより、農作物をお腹いっぱい食べられて、飢えを避けることができた。

いま再び、**AIという新しいテクノロジーが、農業の〝常識〟を変えようとしている。**

従来の仕事の保護とか、農業従事者の生活を守るとか、いまあるものを守ることばかり考えず、テクノロジーを活かした「完全自動栽培」の実現に臨むべきだ。

すべての人が、対価を支払うことなく、お腹いっぱい食料を永続的に得られる。それは農業というものを発明した、人類の理想だったはずではないのか。

完全自動栽培は世界各地で行われているが、日本にはまだ利権構造が強く残っており、なかなか「すべての農業はＡＩとロボットに任せる！」という機運が盛り上がりそうにない。しかし、世界の潮流は、確実に完全自動栽培へと傾いている。

ベーシックインカムより先に、働かなくても大量の野菜、穀物が好きなだけ各家庭に配布される時代が来るのかもしれない。

いま、ＡＩやロボットはものすごい速さで、私たちの社会から「面倒くさい」「つらみしかない」という仕事や作業を奪っていってくれている。

同時に、お金がなくても暮らしていける社会制度と食料供給の体制も、整いつつある。

じゃあ、人間は何をすればいいのだろう？

遊べばいいのである。

繰り返しになるが、現代は好きなこと、楽しいことでお金が稼げる時代にもうなっているのだ。

現代の「ラッダイト運動」を起こすな

見渡せば、趣味や娯楽で暮らしている人は、数えきれないほどいる。

ゲームが好きすぎて、ゲーム実況者のプロになった。キャラ弁当づくりが得意で、キャラ弁のレクチャーが仕事になった。恋愛テクニックを指導するメルマガで、多くの読者から支持され、課金運営もうまくいっている――という具合に、遊びがきっかけで稼いでいる人は、いくらでも挙げられる。

学校の教師も、ビジネスコンサルタントも、いわば遊びを仕事にしたと考えていいかもしれない。

子どもに勉強を教えるのが好きだった、ビジネスの知識を勉強することや、人にコンサルするのが好きだった。

それらが高じて生業になったと言える。

好きだけではやってはいけない仕事もあると反論する人もいるかもしれないが、好きだけでやっている人が、だいたいうまくいっているのが事実である。

とにかく、うまく遊びや、好きなことを仕事にできた人たちは、おしなべて「ひたすら好きなことに時間を割いた」のだ。

彼らはいわば、〝**自分遊びのエキスパート**〟だと言い換えてもいい。

テクノロジーの進化を受け入れず、怯えている勢力は、いつの時代も頑固に存在する。

18世紀後半、イギリスから発祥した産業革命は、世界初のテクノロジー革命だった。工場などで大型機械の導入により、製造業は大きく進展した。

一方で、失業のおそれを感じた手工業者・労働者たちが、機械から仕事を奪い返そうと、各地で打ち壊しの暴動を起こした。

ラッダイト運動である。

いま、シンギュラリティだの、「人間をいつか凌駕するかもしれない」だのと怯える人たちは、人に恩恵をもたらす機械たちをハンマーでブチ壊した、19世紀の荒くれ工員たちと、思考回路は大差ない。

どうしてテクノロジーの利用と共生を、自分たちで考えてみようとしないのだろうか?

テクノロジーの側は、人類との共生関係を望んでいる。

共に文明のクオリティを高めていく、パートナーシップを期待しているはずだ。

現にテクノロジーは、多くの雇用を創出した。

例えば蒸気機関車の発明は、馬車引きの仕事を奪ったかもしれないが、さまざまなエンジニアの仕事を生みだした。産業革命以降は鉄道・製鉄業が、多くの国の経済基盤となった。1900年のニューヨークパレードの隊列は、わずか10年ほどで、馬車から自動車に変わった。自動車ドライバーや整備士の仕事が急増して、給料も増えた。

1940年代後半から起きた、第三次産業革命と言われるコンピューター革命では、エレクトロニクスエンジニア、タイピスト交換手、そしてプログラマーなどの仕事が生まれた。テクノロジーは常に、それまでなかった面白みのある仕事をつくりだし、労働者の所得を上げてきた。

人々の人生にやり甲斐をもたらす、優秀なジョブ・クリエイターでもあったのだ。

テクノロジーが新しい仕事を生みだす

しかしインターネットの出現は、これまでのテクノロジーと少し様相が違っていた。情報の可視化により、グローバリズムが急進した。

そして雇用と賃金の相対関係にひずみが生じている。

「ＧＡＦＡ」の出現や、巨大な富の格差が顕著となった。

８人の超富豪と、全世界の半分の貧民層の資産は、ほぼ同等だという。グローバリズムによって富は最適化されて、１箇所に集まりやすくなったためだ。

富の適切な再分配のために国家は機能していたが、インターネットの効果により、国家の中央集権的な施策が、そぐわないものになってきた。逆に国家があることで、富の再分配がしづらくなっている状況もあるように思う。

私は一貫して、もう国家・国境はいらないと説いている。

実際その方が富の再分配の適切な方法が採れる可能性は高いし、自然に国家の壁は消えていくと考えている。仮想通貨などテクノロジー発信の新しい経済文脈が立ち上がっているのも、そういった動きの兆候だろう。

テクノロジーは決して、人々の仕事を奪うものではない。ＡＩやロボットも同様だ。彼らは、むしろ人に新しい仕事を増やしていくものと考えていい。

彼らをケアするための新しい学問が生まれ、システム従事者やメンテナンス技師、ＡＩアプリ開発の仕事は、慢性的に人が足りない状態になる。

また多くの人間にとって「面倒くさい」仕事をＡＩやロボットが引き受けてくれるというなら、「面倒くさくない楽しい」仕事は、グッと増えていくはずだ。

具体的には、人間のコミュニケーションが価値そのものであるような仕事だ。ソムリエやパティシエ、カリスマ家電販売員やBOOKキュレーター、カウンセラーなどの需要はますます高まるだろう。マッサージ師や美容師、パフォーマンスで見せるアーティストやお笑い芸人、タレントの活躍の場も増える。

ソフトバンクの孫正義さんは、「いまはAIのエンジニアとデザイナーが必要。ハイテクでなく、ハイタッチで人の心にタッチできる仕事が求められる」と語っていた。的確な見識だ。

AIロボットが社会進出を果たしていったとき、私たちは、**人にしかできないものは何か？ という根源的な問いを突きつけられる**ことになる。

それは石黒浩さんが長年、解析に挑んでいる「人とは何か？」というテーマに、近接する問いだ。

AIは進化しながら、人から仕事を引き受けることで、私たちに「人とは何か？」の答え探しを求めているのだ。

きっと私たちよりも、AIの方が、その答えを待っている。

人間の〝身体拡張〟の最良サポーター

人の定義づけが完了したとき、きっと想像もつかない仕事が生まれ、私たちはＡＩやロボットとの理想的な共生関係を見つけられているはずだ。

そして私たちは、人間だけが味わえる活動に、好きなだけ時間を使えるようになっているだろう。

先述した通り、**テクノロジーの歴史は、〝身体拡張〟の歴史**でもある。

自動車が登場して、人力車や飛脚はいなくなった。

移動の手段を、私たちは自動車に〝拡張〟することで、１日で数百キロを移動することができるようになった。

人類は身体の〝拡張〟を繰り返してきた。

そうして過去から想像もつかないような、質の高い生活を過ごしている。

自動運転やドローンも、いわば「目」や「耳」など感覚の技術拡張と言える。

身体の枠組みが広がる、革新的変化を間近にしているいま、「AIに仕事を奪われる」などという次元の低い話には、正直、向き合いたくもない。

AIやロボットは人間の〝身体拡張〟の最良のサポーターである。

手を組み続けていこうと、考えるのが正しい。

仮にAIが奪う側だとして、**AIに負けじと、自分も進化しようとは思わないのか？**

それこそが人間ではないのか？

いろいろ言ってきたが、結局のところ、未来の予測にあまり意味はない。

あまりに急速なテクノロジーの進化と、増大し続ける情報化社会において、私たちのような一般人が数十年先、いや、もう5年先の未来を占うことは、不可能に近いのだ。

わずか10年前に、世界中の半分以上の人口がスマートフォンを手に、生活のほとんどの情報を得ている未来を、誰が想像していただろうか？

トランプ大統領の出現を、韓国と北朝鮮の融和的首脳会談の実現を、表だって予測できた人すら少ない。

ブレグジットが現実になると考えた人は？　東京オリンピックの２０２０年開催が決定すると、信じていた人は？

少なくとも私は、どれも予測できていなかった。

栄華が永遠に続くかのように言われている「ＧＡＦＡ」とて、いつまで支配的な立場を維持できるか、わからない。

ひと昔前までは、ハイテク産業はＩＢＭやマイクロソフトの支配が永遠に続くと思われた。だが巨大な力は、もう見る影もない。

１秒たりとも後悔しない「私の生き方」

未来予測なんて、するだけ無駄だ。

世界中の誰も未来を正確に言い当てることなど、できない。

私の意識はすべて、〝いま〟に集中している。

面倒な仕事は全部なくなる。

楽しいことだけ、やっていていい。

遊びが仕事になる。

私はすでに、そういう世界で生きている。


最近はミュージカル俳優の活動を8年ぶりに行った。

今回は客席に和牛フルコースディナー席を設け、グルメとエンターテイメントを融合するという新たな試みにも挑んだ。

堀江さんは結局、フロントマンとして生きていたいのですね、目立ちたいだけなんですね、などとまだ言われた。

見ている世界が違いすぎる。

目立ちたいとか、フロントマンでいたいとか、そういう次元で、私は大事な時間を費やしたりしない。

いまこの瞬間を、最高に楽しく、輝いている仲間たちと一緒に、遊び尽くし、やりたいことをやって生きていきたいだけなのだ。

その姿を多くの人たちに見てもらい、私と同じ最高の時間を、共有したいだけだ。

あのとき、ああしておけばよかったなどと、1秒たりとも後悔はしたくない。

ありもしない未来に振り回されるのもイヤだ。

私は毎日、楽しい。

楽しくて楽しくて楽しくて、やりたいことが尽きない。

インターネットなど、テクノロジーの多大なる恩恵があるからこそ、成立しているとも言える。機械やら人の手に、私のできないことや面倒くさいことを受け渡すのに、何ひとつ抵抗がない。

だからいくらでも、好きなこと、やりたいことに全力を傾けられる。

働かなくていい世界を信じ、やりたいことをやり尽くす。それが堀江貴文だ。

やりたいことをやり尽くせる世界は、夢とか幻想ではなく、あなたのいますぐ近くに立ち上がっている。それは、いつでも誰でも、飛び込むことが可能な世界だ。

僕たちはもう働かなくていい。

嘘でも、誇張でもない。

それが事実であることを、私はこの身をもって、いつまでも実証し続けていくつもりだ。

おわりに

歴史学者ユヴァル・ノア・ハラリは、ＡＩの進化が加速していく今後、人々がどのように生きていくべきかを、わかりやすく提言している。

21世紀の人間は、「狩猟民族に学ぶべきだ」という。

狩猟民族は自分たちの願望に合うように環境を変えるのではなく、自分自身を環境に適応させてきた。

そして自分の身体や五感に対して、鋭敏であり続けた。

生き延びるために、目で見ること、耳で聞くこと、鼻で嗅ぐこと、すべてについて研ぎ澄ました。

それらは現代人が、いま失いかけているものだ。

30代、40代になろうと、新しい知見を得る好奇心を持ち、狩猟民族のように鋭い感性と柔軟性を使いこなすことが、AI時代を生き抜くには求められるということだ。

だが、本書を読み終わったあなたは、気づいているはずだ。

好奇心も感性も、柔軟性も、狩猟民族が有していた能力は、AIやロボット、〝身体拡張〟といった現代のテクノロジーを駆使していけば、ほぼすべてをカバーできるようになるのではないか、ということを。

私たちは、テクノロジーを使いこなす。

使いこなさなければいけない。

テクノロジーと共に社会を築いていくより、ほかに道はないのである。

「働かなくていい社会」は、間もなく実現しそうだと、私は繰り返し述べた。

お金に関係なく、テクノロジーをどこまでも追究していく生き方でもいいし、あえてテクノロジーを捨てて、狩猟民族のように現代風の〝狩り〟をして生きるのもありだ。

どう生きても、いい。

あなたは、何をして、生きていきたいのか?

本書を読み終えたあと、いま一度、じっくり考える機会を設けてみてほしい。

行動しよう。

ＡＩが、ロボットが、あらゆるテクノロジーが、必ずあなたの勇気を後押ししてくれる。

本書の取材・執筆に際しては、多くの専門家に、多大なるご協力をいただいた。松尾豊さん、石黒浩さん、古田貴之さんはじめ、刺激的な話を聞かせていただいた方々に、この場を借りて心から感謝を申し上げたい。

彼らの先進的な研究が、さらなる成果を生みだし、これからの社会をよりよい方向へと導いてくれることを楽しみにしている。

2018年師走　　堀江貴文

参考資料

『人間とロボットの法則』（石黒浩／著、日刊工業新聞社）
『僕がロボットをつくる理由　未来の生き方を日常からデザインする』（石黒浩／著、世界思想社）
『人はアンドロイドになるために』（石黒浩、飯田一史／著、筑摩書房）
『不可能は、可能になる　「一生、車椅子」の宣告を受けたロボット研究者の挑戦』（古田貴之／著、ＰＨＰ研究所）
『瀬名秀明ロボット学論集』（瀬名秀明／著、勁草書房）
『日経プレミアシリーズ　ＡＩ２０４５』（日本経済新聞社／編、日本経済新聞出版社）
『未来を読む　ＡＩと格差は世界を滅ぼすか』（大野和基／編、ジャレド・ダイアモンド、ユヴァル・ノア・ハラリ、リンダ・グラットン、ダニエル・コーエン、ニック・ボストロム、ウィリアム・Ｊ・ペリー、ネル・アーヴィン・ペインター、ジョーン・Ｃ・ウィリアムズ／著、ＰＨＰ新書）
『人とロボットの秘密』（堀田純司／著、講談社）

『ROBOT　ロボット――それは人類の敵か、味方か』（中嶋秀朗／著、ダイヤモンド社）
『決定版AI　人工知能』（樋口晋也、城塚音也／著、東洋経済新報社）
『the four GAFA 四騎士が創り変えた世界』（スコット・ギャロウェイ／著、渡会圭子／訳、東洋経済新報社）
『ディープラーニング活用の教科書』（日経クロストレンド／編、日本ディープラーニング協会／監）
『シンギュラリティは近い［エッセンス版］　人類が生命を超越するとき』（レイ・カーツワイル／著、NHK出版／編、NHK出版）
『ケインズ説得論集』（ジョン・メイナード・ケインズ／著、山岡洋一／訳、日本経済新聞出版社）

構成／浅野智哉
編集協力／ＡＴＲ石黒浩特別研究所
千葉工業大学未来ロボット技術研究センター
中面撮影／小倉雄一郎
田中麻以

堀江貴文［ほりえ・たかふみ］

1972年、福岡県生まれ。実業家。SNS media &consulting株式会社ファウンダー。ライブドア元代表取締役CEO。東京大学在学中の96年に起業。現在は、ロケットエンジン開発やさまざまな事業のプロデュースなど多岐にわたって活動。会員制コミュニケーションサロン「堀江貴文イノベーション大学校（HIU）」や有料メールマガジン「堀江貴文のブログでは言えない話」も多数の会員を集めている。著書に『ゼロ』（ダイヤモンド社）、『多動力』（幻冬舎）、『本音で生きる』（SB新書）、共著に『10年後の仕事図鑑』（SBクリエイティブ）、『バカとつき合うな』（徳間書店）など。

編集：坂達也

僕たちはもう働かなくていい

二〇一九年 二月六日 初版第一刷発行

著者 堀江貴文
発行人 森 万紀子
発行所 株式会社小学館
〒一〇一－八〇〇一 東京都千代田区一ツ橋二ノ三ノ一
電話 編集：〇三－三二三〇－五七〇七
販売：〇三－五二八一－三五五五
印刷・製本 中央精版印刷株式会社

Printed in Japan ISBN978-4-09-825340-1